COLLECTION FOLIO

Aristote

Est-ce tout naturellement qu'on devient heureux ?

Traduit du grec et présenté
par Richard Bodéüs,
annoté par Louise Rodrigue

Gallimard

Ce texte est extrait des *Œuvres* d'Aristote
(Bibliothèque de la Pléiade, Éditions Gallimard)

Né vers 384-383 av. J.-C., Aristote est le fils de Nicomaque de Stagire (Chalcédoine), un médecin. À la mort de son père, le jeune garçon est confié à Proxène d'Atarnée. Arrivé à Athènes vers –367-366, il rencontre — supposément — Platon, revenu de Syracuse. Celui-ci meurt en –348-347, et son neveu Speusippe hérite de la direction de l'Académie. À la même époque, à Atarnée (Mysie), Aristote épouse Pythias, sœur, fille adoptive ou nièce de son ami Hermias alors gouverneur de la ville. De cette union naîtra un fils, Nicomaque. Vers –345-344, Aristote séjourne brièvement à Mytilène de Lesbos, où il collabore avec Théophraste d'Érèse. L'année suivante, invité en Macédoine par le roi Philippe II, il est installé à Miéza pour surveiller l'éducation du jeune Alexandre (né en –356). Après s'être imposé face à Athènes et Thèbes (août –338), et après avoir pris la tête d'une coalition gréco-macédonienne contre les Perses (–337), Philippe de Macédoine est assassiné et son fils Alexandre est nommé roi (–336). En –335, Aristote rejoint Athènes et s'établit au gymnase du Lycée. Avec la mort d'Alexandre à Babylone (juin –323), les Grecs se soulèvent contre la Macédoine ; menacé, Aristote est contraint de fuir à Chalcis (Eubée), où il meurt à l'âge de soixante-trois ans.

Lisez ou relisez les livres d'Aristote :

CONSTITUTION DE SPARTE (Xénophon) – CONSTITUTION D'ATHÈNES (Tel n° 275)

DE L'ÂME (Folio essais n° 448)

HISTOIRE DES ANIMAUX (Folio essais n° 241)

INVITATION À LA PHILOSOPHIE (Folioplus philosophie n° 85)

MÉTÉOROLOGIQUES (Tel n° 356)

POÉTIQUE (Tel n° 272)

POLITIQUE. *Livres I à VIII* (Tel n° 221)

RHÉTORIQUE (Tel n° 296)

Est-ce tout naturellement qu'on devient heureux ?

Préambules

LE BONHEUR

Livre I.

Thèse et principales controverses.

[I, 1] *[1214 a]* Celui qui à Délos, dans le sanctuaire du dieu, a exprimé son propre avis par une inscription sur le propylée de Léto[1], a fait la distinction entre des attributs qu'il ne concède pas tous au même sujet : le bon, le beau et l'agréable. Selon ses vers,

la plus belle chose qui soit, c'est la justice parfaite ;
la plus avantageuse, c'est avoir la santé,
et la plus agréable, atteindre ce qu'on aime d'amour.

Mais n'allons pas, quant à nous, nous ranger à ses côtés. Le bonheur, en effet, tout en étant la plus belle chose et la meilleure de toutes, est aussi la plus agréable.

Nombreuses sont par ailleurs, en chaque affaire de quelque nature que ce soit, les considérations qui font difficulté et réclament un examen. Les unes contribuent uniquement à la connaissance, mais les autres concernent aussi les modalités d'acquisition et d'exécution de l'affaire considérée.

Ainsi donc, toutes celles qui intéressent une philosophie purement méditative, il faut en faire état lorsque l'occasion s'en présente, en exposant tout ce qui peut être approprié à la démarche en question[2]. Mais d'abord, il faut *[15]* examiner en quoi réside la vie heureuse et comment on peut l'acquérir.

Est-ce tout naturellement qu'on devient heureux, chaque fois qu'on mérite d'être appelé ainsi, à la manière dont on devient grand ou non ou dont on acquiert un teint particulier ? Est-ce plutôt par le moyen de l'étude, comme quoi il y aurait une science du bonheur ? Ou est-ce plutôt par le moyen d'un certain exercice ? Beaucoup de traits qui ne sont ni *[20]* naturels, ni le résultat de l'étude, mais le fruit de l'habitude, sont en effet attribués aux hommes : de vilains traits si leurs habitudes ont été vilaines, et des traits avantageux, si elles ont été bonnes. Ou bien n'est-ce d'aucune de ces façons ? Mais alors, de deux choses l'une : ou bien, tout comme aux hommes qui deviennent possédés des nymphes ou des dieux, c'est par l'inspiration d'un génie particulier, qui les porte en quelque sorte à l'exaltation divine ; ou bien c'est en vertu de la fortune. *[25]* Plusieurs, en effet, prétendent ramener au même le bonheur et la bonne fortune[3].

Assurément, le bonheur, s'il se présente, exige ces moyens-là : il les réclame tous, quelques-uns ou l'un quelconque d'entre eux, pour être attribué aux hommes. C'est une évidence incontestable, car tout ce qui leur advient ou à peu près tombe sous l'empire de ces principes-là. On peut en effet *[30]* ramener toutes les actions qui procèdent de l'intelligence à celles qui procèdent de la science.

D'autre part, être heureux et vivre dans la félicité, ou connaître une belle existence, peut impliquer trois ingrédients principaux, qui passent pour être les biens les plus appréciables. Certains prétendent en effet que c'est la sagacité le bien le plus grand ; d'autres, que c'est la vertu ; d'autres encore, le plaisir[4]. Et c'est par rapport au bonheur que l'on dispute quelquefois de leur importance relative *[1214 b]*, en déclarant que l'une y concourt plus que l'autre : pour certains, la sagacité serait un bien plus grand que la vertu ; pour d'autres, elle serait au contraire inférieure à la vertu ; pour d'autres encore, les deux le céderaient au plaisir ; et tandis qu'au sentiment de certains, la vie heureuse résulterait de tous ces biens-là, pour d'autres, elle viendrait *[5]* de deux d'entre eux, et selon d'autres encore, elle n'en impliquerait qu'un seul.

[I, 2] Si l'on s'en tient là, alors on se dit que tout homme capable d'orienter sa vie selon son propre choix doit se fixer, pour qu'elle soit belle, un certain but dans l'existence, que ce soit l'honneur, la gloire, la richesse ou l'éducation, et le prendre en considération pour mettre en œuvre tous ses actes. *[10]* Car, assurément, ne pas avoir de vie organisée en fonction d'une certaine fin est l'indice d'une grande étourderie[5]. Par-dessus tout, nous devons alors commencer par distinguer en nous-mêmes, sans précipitation ni négligence, quel est, parmi nos propres avantages, celui dans lequel placer la vie heureuse et quels sont ceux sans lesquels il est impossible aux hommes d'avoir ce genre de vie. Ce n'est pas en effet la même chose : disposer des moyens sans lesquels on ne peut avoir la santé, ce n'est pas avoir la santé elle-même. Et il en va exactement ainsi en de nombreux autres cas. Par conséquent, une belle existence et ce sans quoi il est impossible de l'avoir ne reviennent pas au même non plus. Par ailleurs, certaines de ces conditions ne sont pas des conditions propres à la santé ou à la vie, mais sont communes à tout, pour ainsi dire, et elles concernent nos états aussi bien que nos actions. Par exemple, sans respirer, sans être éveillé ou participer du mouvement, nous ne pouvons rien faire, ni en bien, ni en mal. Mais il y a des conditions qui sont plutôt propres à chaque nature particulière, et ce sont elles qui ne doivent pas nous échapper[6]. Pour avoir une bonne constitution physique par exemple, les conditions qu'on vient de mentionner ne sont pas des moyens aussi adaptés qu'un régime carné ou les promenades après dîner.

Voilà en effet les motifs pour lesquels on ne s'entend pas au sujet du bonheur, quand il s'agit de définir ce qu'il est et par quels moyens il se procure : c'est que les conditions sans lesquelles on ne peut être heureux sont tenues par certains pour des parties du bonheur lui-même.

[I, 3] Ainsi donc, passer en revue toutes les

opinions qu'on soutient à son sujet est une tâche superflue. En effet, bien des représentations que s'en font les *[30]* petits enfants, les malades et les détraqués forment une matière sur laquelle personne, s'il a du bon sens, ne peut passer son temps à s'interroger. Car ce qu'il faut à ces gens, ce n'est pas qu'on argumente devant eux, c'est au contraire, pour les uns, atteindre l'âge où ils changeront d'avis, et pour les autres, recevoir une correction par les soins de la médecine ou de la cité[7]. L'administration d'un médicament ne corrige en effet pas moins que les coups !

Mais, comme ces opinions, celles du grand nombre[8] ne sont pas non plus *[1215 a]* à examiner, car c'est comme bon leur semble que s'expriment la plupart des gens, à peu près sur tout et principalement sur le bonheur. Il est en effet déplacé d'avancer un argument devant ceux qui n'en réclament pas et ne demandent qu'à suivre leur affection.

Cependant, puisqu'il est des questions embarrassantes qui, quel que soit l'objet dont on traite, sont appropriées, bien évidemment il en est aussi quand on traite de la *[5]* forme d'existence supérieure et du meilleur genre de vie. Ce sont donc ces questions-là qu'il sied d'examiner, car réfuter les arguments de qui vous conteste, c'est démontrer ce qui leur est contraire.

Et de plus, s'il vaut la peine de prendre conscience de ces difficultés, c'est surtout en fonction des objectifs auxquels doit contribuer de toute façon une enquête destinée à montrer d'où nous vient la possibilité *[10]* d'avoir en partage une vie heureuse et belle (si tant est que la dire « bienheureuse » exciterait trop la jalousie[9]), mais aussi en fonction de l'espérance que peuvent nourrir, en chaque éventualité, les gens honnêtes. Si c'est en effet parmi les faveurs de la fortune ou celles de la nature que se range cette belle existence, elle sera sans espoir pour beaucoup : ce n'est pas à force de soins que son acquisition sera à leur portée, et elle *[15]* ne sera pas leur propre affaire. Si, en revanche, elle tient au fait d'avoir certaines qualités personnelles déterminées, qui sont aussi celles de leurs actions, le bien en question sera alors plus commun et plus divin : plus commun, parce que beaucoup plus de monde est en mesure d'y avoir part, et plus divin[10], parce que le bonheur est là, pour ceux qui travaillent à se donner personnellement certaines qualités qui seront celles de leurs actions.

[I, 4] *[20]* D'ailleurs, on verra clair sur la grande majorité des points contestés et débattus si, afin de savoir ce qu'il faut tenir pour le bonheur, on peut déterminer nettement ceci : est-ce qu'il réside seulement dans certaines qualités de l'âme, comme l'ont cru certains parmi les sages déjà dans l'ancien temps[11] ? Ou bien, tout en réclamant aussi des qualités particulières du sujet, *[25]* n'exige-t-il pas plutôt celles-ci de ses actions[12] ?

D'autre part, il est une distinction bien établie entre les genres de vie, et parmi ces genres, il y en a qui ne prétendent même pas à ce type de bien-être ; au contraire, on les adopte parce qu'il faut pourvoir au nécessaire[13]. C'est le cas, par exemple, des genres de vie qu'impliquent les métiers vulgaires ou centrés sur la rentrée d'argent ou encore les métiers besogneux. J'appelle vulgaires ceux où l'on s'affaire pour gagner la gloire seulement ; besogneux, les emplois sédentaires et salariés ; et voués à l'argent, les emplois de boutiquiers, qui se consacrent aux achats et aux ventes. Mais il y a les biens qu'on met en rapport avec une activité propre au bonheur, les trois dont on a parlé précédemment[14] et qui passent pour les plus grands aux yeux des hommes : la vertu, la sagacité et le plaisir. Dans ces conditions nous voyons qu'il est aussi trois genres d'existence auxquels les personnes qui en ont le loisir décident toutes de se consacrer : la vie du politique, celle du philosophe *[1215 b]* et celle du jouisseur.

Parmi celles-ci, en effet, la vie du philosophe se veut consacrée à la sagacité et à la méditation qui cherche la vérité ; la vie du politique, aux belles actions, c'est-à-dire celles qui découlent de la vertu, et la vie du jouisseur, aux plaisirs corporels. C'est précisément pourquoi, de l'un à l'autre, les gens déclarent heureux quelqu'un de différent, comme on l'a dit précédemment[15]. Anaxagore de Clazomènes[16], par exemple, à qui l'on avait demandé quel était le genre d'homme le plus heureux : *Aucun de ceux*, dit-il, *auxquels tu penses, c'est au contraire quelqu'un qui n'aurait pas de place dans tes vues à toi !* Et s'il a donné ce genre de réponse, c'est qu'il voyait bien que la question avait été posée par un individu incapable de concevoir que, sans la grandeur et la beauté ou sans la richesse, on puisse obtenir d'être appelé de ce nom, alors que, personnellement, il croyait sans doute que l'homme dont la vie est exempte de chagrin et pure sous le rapport de la justice, ou bien qui participe à quelque méditation divine, celui-là, autant qu'on puisse le dire d'un homme, est un bienheureux.

[I, 5] *[15]* Ainsi donc, s'il est encore bien d'autres choses sur lesquelles il n'est pas facile de se faire un jugement parfait, la plus embarrassante est cependant celle-ci, que tous croient la plus aisée et à la portée de chacun de connaître : lequel, parmi les biens présents dans la vie, faut-il choisir, et lequel, une fois en notre possession, comblerait l'appétit ?

C'est qu'un grand nombre de calamités surviennent qui sont cause qu'on renonce à la vie, comme des maladies, *[20]* de profondes souffrances ou des fléaux, à telle enseigne que, de toute évidence, nous eût-on donné le choix au départ, notre préférence eût été de ne pas naître, à ne considérer que ces calamités. À cela s'ajoute le genre de vie que l'on mène encore enfant, car rebrousser chemin jusque-là, une nouvelle fois, nul ne le supporterait s'il a du bon sens. De plus, il est beaucoup de moments sans le moindre plaisir *[25]* ni chagrin, ou des moments de plaisir, mais sans beauté, qui sont tellement insipides que l'inexistence peut être mise au-dessus de la vie. Et globalement, si l'on fait la somme de tout ce qu'exécutent ou subissent tous les hommes, mais sans jamais le vouloir, parce que ce n'est pas non plus leur but, supposé même qu'on y ajoute une durée illimitée, ce n'est pas davantage pour ces faveurs qu'on choisirait de vivre, plutôt que non.

Mais assurément, ce n'est pas non plus pour le plaisir de se nourrir seulement ou celui des ébats sexuels ! Une fois retranchés les autres agréments que la connaissance, la vue ou l'un des autres sens procurent aux hommes, il n'est personne qui, pour ces seuls plaisirs, estimerait la vie avant tout, sauf à être complètement servile[17], car évidemment, pour qui ferait ce choix, cela n'aurait aucune importance d'être une bête ou un homme. En tout cas, c'est le bœuf en Égypte, qui, honoré sous le nom d'Apis[18], savoure le plus de plaisirs de ce genre, dépassant bien des monarques.

Et pareillement, ce n'est pas non plus pour l'agrément qu'on trouve à dormir. Quelle différence y a-t-il, en effet, entre dormir d'un sommeil dont on ne pourrait s'éveiller du premier jour au dernier, pendant mille ans ou si longtemps qu'on voudra, et vivre d'une vie végétative ? En tout cas, les plantes ont bien, selon toute apparence, une vie comme celle-là, exactement comme les petits enfants, car ceux-ci, dès le premier instant où ils naissent dans le sein maternel, passent leur vie à croître et dorment tout le temps[19].

Par conséquent, l'on peut voir, à la lumière de telles considérations, que la réponse se dérobe complètement à l'enquête lorsqu'on demande ce qu'il y a de bien et de bon dans la vie.

Ainsi donc, Anaxagore aurait, dit-on, répondu à quelqu'un qui agitait des questions de ce genre et ne cessait de lui demander dans quel dessein l'on aurait pu choisir de venir au monde, plutôt que non : *C'est afin*, aurait-il dit, *de contempler le ciel et l'ordre qui règne dans l'univers entier.* Ainsi donc, lui croyait que si c'est pour gagner quelque science, le choix de vivre vaut d'être fait. En revanche, ceux qui proclament bienheureux Sardanapale ou Smindyride le Sybarite[20] ou quelque autre des personnes qui mènent une vie de jouisseur, ceux-là, dès lors, paraissent tous ranger le bonheur dans la volupté. Mais il y en a d'autres qui n'opteraient ni pour une sagacité quelconque, ni pour les plaisirs corporels, de préférence aux actions qui découlent de la vertu. En tout cas, ils font ce choix, non seulement, comme certains, par soif de gloire, mais même sans la perspective d'une réputation flatteuse. Toutefois le grand nombre des hommes politiques n'a pas vraiment droit à ce nom, car ce ne sont pas des hommes politiques en vérité. Le politique est en effet quelqu'un qui est capable de décider les belles actions pour elles-mêmes, alors que le grand nombre, c'est pour s'enrichir et toujours avoir plus qu'il touche à ce genre de vie.

Ainsi donc, ce qui précède permet de voir que tout le monde rapporte le bonheur à trois genres de vie, celle du politique, celle du philosophe et celle du jouisseur. Mais dans cette affaire, le plaisir corporel avec ses jouissances, on sait ce qu'il est, quelles sont ses qualités particulières, et les moyens qui le procurent ne sont pas mystérieux. Par conséquent, l'on ne doit pas s'enquérir de la nature de ces plaisirs, mais de savoir s'ils contribuent de quelque façon au bonheur, ou non, et comment ils le peuvent. De même, dans l'hypothèse où doivent s'attacher à une belle existence certains plaisirs, sont-ce ces plaisirs-là qui doivent s'y attacher ? Ou bien, eux, *[35]* sont-ils de quelque autre manière nécessairement notre lot[21], alors que ce sont d'autres plaisirs qui, comme on le croit raisonnablement, permettent à l'homme heureux d'avoir une vie agréable et pas seulement exempte de chagrin ?

Mais ces questions-là sont à considérer plus tard[22], et c'est la vertu, ainsi que la sagacité, que nous allons d'abord considérer, pour voir quelle est leur nature, à l'une et à l'autre, et savoir si elles font partie *[40]* de la vie quand elle est un bien, ou plus exactement, si ce sont elles-mêmes qui en font partie, ou plutôt les actions qui en découlent, *[1216 b]* dès lors qu'elles sont rattachées au bonheur, sinon par tout le monde, du moins par tous les hommes dignes d'être pris en compte.

Socrate l'Ancien[23], pour sa part, croyait pouvoir s'assigner pour fin de connaître la vertu, et il voulait savoir, par ses enquêtes, ce qu'est la justice, ce qu'est le *[5]* courage et chacune des vertus particulières. Ce faisant, il procédait en effet de manière parfaitement rationnelle, puisqu'il croyait que toutes les vertus sont des sciences et que, par conséquent, à l'instant où l'on sait la justice, il se fait aussi qu'on est juste. À l'instant où nous avons appris la géométrie et l'art de bâtir, nous sommes en effet aussi des bâtisseurs et des géomètres. C'est précisément pourquoi Socrate cherchait ce qu'est la vertu, mais pas comment elle se produit, ni d'où elle vient.

Or cette coïncidence existe effectivement dans le cas des sciences méditatives : aucun objectif n'est assigné en effet à l'astronomie, à la science naturelle ou à la géométrie, si l'on excepte la connaissance et l'étude portant sur la nature des choses qui sont le sujet de ces sciences (ce qui, bien sûr, par accident, ne les empêche nullement de nous servir en bien des nécessités). Mais quand il s'agit des sciences productives, leur fin est autre chose que la science et la connaissance : par exemple, la santé se distingue de la médecine, et de bonnes lois ou quelque chose du genre se distinguent de la politique[24].

Ainsi donc, même s'il est bien beau de connaître aussi tout ce qui est beau, il n'en demeure pas moins que, touchant la vertu, le plus précieux n'est pas de savoir ce qu'elle est, mais de connaître d'où elle vient. Car notre souhait n'est pas de savoir ce qu'est le courage, mais d'être courageux, ni ce qu'est la justice, mais d'être justes, exactement comme nous souhaitons avoir la santé, plutôt que de connaître ce qu'elle est, ou encore tenir physiquement la bonne forme, plutôt que de connaître ce qu'est la bonne forme physique.

Méthode à suivre.

[I, 6] Il faut par ailleurs s'efforcer, sur tous ces points, d'obtenir l'adhésion par le moyen des arguments, tout en prenant à témoin et pour exemples les faits manifestes[25]. Car notre plus fort argument, c'est que tous les hommes sont manifestement d'accord avec ce qu'on va dire ou, du moins, ils le sont d'une certaine façon tous, et c'est ce que, en laissant traduire leur pensée, ils feront voir. Chacun présente en effet une inclination intime à la vérité et c'est en partant de là, nécessairement, qu'il s'agit d'apporter une manière de démonstration sur les sujets en cause. Car en partant de propos vrais, mais non clairs, si l'on va de l'avant, la clarté viendra aussi, si l'on substitue toujours les vérités plus notoires aux habituelles déclarations confuses.

Par ailleurs, il est une différence entre les arguments qui accompagnent chaque démarche, selon qu'ils sont avancés à la manière des philosophes ou non. C'est précisément pourquoi même le politique doit éviter de juger superflu le genre de considération susceptible de faire voir non seulement ce qu'il en est, mais encore pourquoi il en est ainsi. Il est en effet d'un philosophe de procéder de la sorte dans chaque démarche[26].

Néanmoins, cela demande beaucoup de précaution. Il y a en effet certains individus qui, *[1217 a]* parce qu'il est, leur semble-t-il, d'un philosophe de ne jamais s'en tenir à une impression et qu'il doit au contraire s'autoriser d'une raison, produisent souvent sans s'en rendre compte des arguments étrangers à l'affaire et qui sont vides. Or cela, ils le font tantôt par ignorance, tantôt par charlatanisme, et c'est ainsi que se laissent prendre, à l'occasion, même les personnes d'expérience et capables d'agir, piégées par ces individus qui n'ont ni ne peuvent avoir une pensée propre à diriger l'action en maître d'œuvre ou propre à l'exécuter soi-même[27]. Cependant, si elles souffrent ce dommage, c'est par un manque d'éducation. Le manque d'éducation, en chaque affaire, est en effet l'incapacité de discerner les arguments qui lui sont appropriés et ceux qui lui sont étrangers[28].

Par ailleurs, il est bon aussi de séparer, dans son jugement, l'argument qui fournit la cause d'un fait et le fait qui est indiqué. Une raison est celle qu'on a dite à l'instant : on ne doit pas tout soumettre à l'épreuve des raisonnements et souvent, au contraire, il vaut mieux s'en remettre aux faits manifestes (quoique, dans la réalité, toutes les fois qu'on ne peut les débrouiller, l'on soit bien obligé de faire confiance aux raisonnements exposés[29]). La seconde raison est que, fréquemment, ce qui semble avoir été montré par la force du raisonnement donne bien à voir le vrai, mais pas pour la raison que prétend avancer le raisonnement ; car on peut montrer le vrai par le moyen du faux, comme d'ailleurs le font voir les *Analytiques*[30].

Première partie

BONHEUR ET BIEN SUPRÊME

Clarifications.

[I, 7] Et maintenant que ces préambules sont terminés, nous allons prendre pour point de départ, au seuil de notre exposé, les propos qui, initialement, comme on l'a dit, ne sont pas clairs, et chercher ensuite à découvrir clairement cc qu'est le bonheur.

Or on confesse que c'est le plus grand et le meilleur des biens humains. Nous disons « humains », parce qu'on voit tout de suite qu'il peut y avoir aussi, plus haut dans la perfection, un autre être qui possède le bonheur : tel est le dieu[1]. De tous les autres vivants qui sont d'une nature inférieure à celle des hommes, aucun ne partage en effet le privilège de cette qualification : on n'est pas heureux, en effet, lorsqu'on est cheval, oiseau, ou poisson, et aucun être par ailleurs ne l'est, s'il n'a pas dans sa nature, pour justifier l'appellation, une part qui tienne du divin[2]. Les autres êtres, au contraire, selon qu'ils ont une part de bon, par un autre côté, ont une vie plus ou moins bonne ou mauvaise selon les cas. Mais *[30]* le fait qu'il en va bien ainsi est à considérer plus tard.

Pour l'instant, cependant, disons que parmi les bonnes choses, certaines sont à la portée de l'action humaine, mais d'autres ne le sont pas. Nous donnons cette précision, parce qu'il y a des êtres qui n'ont pas de mouvement du tout, et par conséquent certaines bonnes choses non plus, et peut-être sont-ce là les meilleures de nature[3]. D'autre part, certaines bonnes choses sont à la portée de l'action, mais *[35]* pour des êtres qui nous sont supérieurs[4].

De plus, il est deux façons d'entendre ce qui est à la portée de l'action. Ce peut être, en effet, ce en vue de quoi nous agissons et ce qui, ayant cette visée, fait partie de l'action elle-même : par exemple, la santé et la richesse, nous les rangeons parmi les choses à la portée de l'action, tout autant que les actes qu'on exécute en vue de les atteindre, c'est-à-dire les choses saines et celles qui permettent de s'enrichir. Dans ces conditions, il est évident que le bonheur, précisément, *[40]* doit être posé comme la meilleure des bonnes choses à la portée de l'action de l'homme.

Objections à l'idée du Bien.

[I, 8] *[1217 b]* Reste à voir, cependant, ce qu'est la meilleure, et combien de choses différentes sont appelées ainsi. Trois opinions principales[5] apparaissent alors, qui en font état.

On soutient en effet que la meilleure de toutes les bonnes choses serait le bien lui-même, c'est-à-dire ce qui aurait le double privilège d'être le premier des biens et d'être, *[5]* par sa présence aux côtés des autres, la cause pour laquelle ils sont des biens. Or, dit-on, ce sont là les deux attributs de l'Idée du Bien[6]. Quand je dis « les deux », j'entends : à la fois être le premier des biens et être la cause, par sa présence aux côtés des autres biens, du fait qu'ils sont des biens. Et en effet, ce serait avant tout de l'Idée que le bien se dit en vérité *[10]* car, soutient-on, les autres sont des biens par participation et par ressemblance avec elle. Elle serait aussi le premier des biens, parce qu'en supprimant l'Idée qu'elles partagent, on supprime aussi les choses qui partagent cette même Idée et qui sont dites des biens du fait d'y participer ; or ce qui est premier est en rapport de cette façon-là avec ce qui est secondaire ; par conséquent, le bien lui-même serait l'Idée du Bien. Elle *[15]* serait en effet séparée des choses qui en participent, exactement comme les autres Idées.

Bien entendu, examiner en long et en large cette opinion relève d'un travail différent et, en grande partie, plutôt logique ; forcément, puisque les arguments qui seraient à la fois propres à la ruiner et communs à tout ne se rangent dans aucune autre science.

Mais si l'on doit s'exprimer en bref *[20]* là-dessus, disons que, premièrement, soutenir qu'il peut y avoir une Idée, non seulement du Bien, mais encore de quoi que ce soit d'autre, c'est tenir un propos logique et vide[7] ; au reste, des considérations formulées sur le sujet à de multiples points de vue se trouvent exposées dans les discussions extérieures, aussi bien que dans les discussions philosophiques[8].

Ensuite, admettons même, autant qu'on voudra, l'existence des Idées et d'une Idée du Bien, jamais, je le crains, *[25]* elle ne sera utile pour bien vivre, ni pour agir.

Nombreuses sont en effet, autant que pour l'être, les façons différentes de dire le bien. L'être, en effet, d'après les distinctions répertoriées ailleurs, indique tantôt ce que c'est, tantôt une qualité, tantôt une quantité, tantôt un moment, et de plus, il se trouve, d'un côté, dans le fait d'être mû et, de l'autre, dans le fait de mouvoir. Le *[30]* bien, lui aussi, est impliqué dans chacun de ces cas : dans la substance, c'est l'intelligence et le dieu, tandis que dans la qualité, c'est le juste, dans la quantité, le mesuré et dans le moment, le temps opportun ; d'autre part, c'est l'enseignement, donné ou reçu, en ce qui concerne le mouvement. Par conséquent, de même que l'être n'est pas quelque chose d'un, au fil de ses affirmations, de la même façon, le bien ne l'est pas non plus.

Et il n'y a de science *[35]* unique, ni de l'être, ni du bien[9]. Que dis-je ? Même les biens qu'on assigne à une même catégorie n'entrent pas dans la perspective d'une seule science. Si l'on prend par exemple le temps opportun et le mesuré, on voit qu'au contraire différentes sciences considèrent des moments opportuns différents et différentes sciences, des mesures différentes : ainsi, en matière alimentaire, le bon moment pour manger tout comme la mesure des aliments sont fixés par la médecine et la gymnastique, alors qu'en matière *[40]* d'actions guerrières, c'est par la stratégie. Et c'est ainsi que des savoirs différents concernent des actions différentes. De sorte *[1218 a]* qu'on peut difficilement faire du bien, du moins lui-même, l'objet d'un seul savoir[10] !

De plus, dans toutes les séries où il y a de l'antérieur et du postérieur, il est exclu de trouver quelque chose de commun qui soit en dehors de la série et qui en soit séparé, car il serait quelque chose d'antérieur au premier terme. Ce qui est commun et séparé serait en effet antérieur, parce qu'en supprimant *[5]* cette chose commune, on supprimerait le premier terme. C'est ainsi que si le double est le premier des multiples, il est exclu que le multiple, le prédicat commun, soit séparé, car il serait antérieur au double. L'hypothèse éventuelle que la chose commune serait l'Idée revient à faire une réalité séparée de ce qui est commun. En effet, si la *[10]* justice est un bien et le courage aussi, il y a malgré tout, soutient-on, quelque chose qui est le bien lui-même ! Donc, ce « lui-même » est un ajout à la définition qui est commune. Or que peut-il être, sauf à dire « éternel et séparé » ? Mais il n'y a pas lieu de penser que le blanc qui dure plusieurs jours le serait plus que le blanc éphémère. Par conséquent, le bien non plus ne serait pas davantage un bien du fait d'être éternel, et alors le *[15]* bien attribué en commun n'est pas identique à l'Idée, puisque ce qui est commun appartient à tous.

D'autre part, il faut procéder aussi à l'inverse de ce qu'on fait maintenant pour montrer le bien lui-même. Maintenant, l'on part en effet des choses dont personne ne reconnaît qu'elles contiennent le bien et, de là, on s'efforce de montrer que celles où tout le monde le reconnaît sont des biens : on part de nombres pour montrer que la justice et la santé sont des biens, parce qu'elles sont des sortes d'ordres et de nombres, l'argument étant que c'est aux nombres et aux unités qu'appartient le bien, vu que l'Un est le Bien lui-même ! Or on doit partir de choses reconnues, comme la santé, la force, la tempérance, pour montrer que c'est précisément dans les êtres immuables que se trouve plutôt la beauté, parce que tout ce qui en a ici-bas est ordre et repos, et que, dans ces conditions, ces êtres-là en ont à plus forte raison, car ils présentent davantage ces attributs.

D'autre part, il est même aventureux de prétendre démontrer que l'Un est le Bien lui-même pour la raison qu'il est l'aspiration des nombres. Car on ne dit pas comment ils y aspirent de façon claire, mais on le prétend de façon simpliste. Et puis, comment concevoir l'existence d'une aspiration au sein de réalités qui n'ont pas la vie ? Or on doit, là-dessus, être diligent et n'approuver jamais sans raison des propos qui, même avec un argument, ne sont pas accrédités facilement.

Quant à prétendre que tous les êtres aspirent à quelque bien unique[11], ce n'est pas vrai, car chacun aspire à son bien propre, l'œil à la vue, le corps à la santé, et ainsi de suite.

Ainsi donc, il n'y a rien qui soit le bien lui-même, comme le montrent les problèmes de ce genre. Lesquels montrent aussi son inutilité pour la politique : à celle-ci, au contraire, *[35]* est assigné quelque bien propre, exactement comme aux autres sciences, par exemple, à la culture physique est assignée la bonne forme.

Et en plus, comme stipulé dans l'argument, ou bien aucune science ne tire profit de la forme du bien elle-même, ou alors toutes en tirent le même profit.

De plus, elle n'est pas à la portée de l'action.

Pareillement d'ailleurs, le bien attribué en commun, pas plus qu'il *[1218 b]* n'est le bien lui-même (puisqu'il peut s'attribuer à un bien minuscule), n'est, lui non plus, à la portée de l'action. Ce n'est pas en effet à conférer le bien attribué indifféremment à n'importe quoi que s'affaire la médecine, mais à conférer la santé ; et il en va exactement de même pour chacun des autres arts.

Mais le bien se dit de plusieurs choses différentes ; il est *[5]* notamment quelque chose de beau et se trouve, tantôt à la portée de l'action, tantôt non. Or est à la portée de l'action le genre de bien en vue duquel on agit, mais pas celui qui est immanent aux êtres immuables[12]. Il est donc clair que ce n'est ni l'Idée du Bien qu'on recherche en poursuivant le bien lui-même, ni le bien commun à tout, puisque l'Idée est immuable et hors de portée de l'action, alors que le bien commun à tout peut changer, mais n'est pas *[10]* à la portée de l'action. En revanche, celui en vue duquel nous agissons, parce que c'est une fin, est le meilleur des biens, c'est-à-dire la cause de ceux qui lui sont subordonnés et le premier de tous. Voilà, par conséquent, ce que peut être le bien lui-même : la fin de tout ce qui est exécutable par l'homme. Et c'est celui qui dépend de la science souveraine entre toutes, laquelle est politique, administration domestique et sagacité. Ce qui distingue ces dispositions de *[15]* toutes les autres, c'est en effet ce privilège[13] ; quant à savoir si, entre elles, il y a une différence, on le dira ultérieurement.

Que la fin soit cause pour les biens qui lui sont subordonnés, c'est d'ailleurs ce que laisse voir l'enseignement. En effet, c'est une fois qu'on a défini la fin à poursuivre qu'on enseigne que tout le reste est à chaque fois un bien, car il a pour cause celui qu'on a en vue : par exemple, dès l'instant où avoir la santé, c'est très précisément ceci, il faut nécessairement que cela soit, qui *[20]* lui est profitable. Cette chose saine, de son côté, est cause de la santé à titre d'agent et fait alors que la santé existe, mais non qu'elle soit un bien. Ajoutons que nul ne cherche non plus à montrer que la santé est un bien. À moins d'être un sophiste qui n'est pas médecin (car, dans ce cas, l'on use d'arguments hors de propos pour faire assaut de subtilité), on ne le fait pas plus qu'on ne cherche à démontrer aucun autre principe.

Quant au *[25]* bien qui fait office de fin pour

l'homme, c'est-à-dire le meilleur de ceux qui sont exécutables, il faut voir en combien de sens s'entend le meilleur de tous, puisque c'est le meilleur.

Livre II.

Hypothèses et définition du bonheur.

[II, 1] *[30]* Et après cela, si l'on prend un autre point de départ[14], il faut faire état des considérations suivantes. Alors, tous les biens sont, soit extérieurs, soit inhérents à l'âme, et de ces biens, les plus appréciables sont ceux qui ont leur place dans l'âme, selon la distinction que nous faisons jusque dans les discussions extérieures. La sagacité, la vertu *[35]* et le plaisir ont en effet leur place dans l'âme, et ce sont les biens, certains d'entre eux ou tous à la fois, qui font office de fin selon l'opinion universelle.

Toutefois, l'âme est le siège, d'un côté, des états ou des capacités, de l'autre, des activités et des mouvements[15]. Supposons dès lors qu'il en soit ainsi et que, pour parler de la vertu, elle soit la meilleure disposition, état ou capacité *[1219 a]* que présente chacune des choses qui ont un usage ou une tâche à remplir. Ce qu'on peut voir, du reste, par induction, puisque c'est, en chaque cas, ce que nous posons : par exemple, le manteau a une vertu, puisqu'il a une tâche à remplir et un usage, et le meilleur état du manteau, c'est sa vertu[16]. Il en va encore de la sorte pour le bateau, la maison et le reste. Par conséquent, pour l'âme aussi, puisqu'elle a une certaine tâche à remplir[17].

Et dès lors, admettons que meilleur est l'état, mieux remplie est la tâche, qu'aux rapports entre les différents états correspondent exactement les rapports qu'ont, entre elles, les tâches remplies à partir d'eux, et que la fin de chaque chose, c'est la tâche qu'elle remplit. Cela montre toutefois que la tâche vaut mieux que l'état, car la fin est ce qu'il y a de mieux, à titre de fin. On avait en effet posé en principe que c'est la fin qui importe le plus : c'est le bien ultime, celui qu'a en vue tout le reste. Donc, malgré tout, la tâche vaut mieux que l'état et la disposition, c'est évident.

Mais on peut parler de tâche à deux propos. En effet, certaines choses ont pour tâche quelque chose de distinct, en dehors de leur utilisation : par exemple, la tâche assignée à l'art de bâtir, c'est la maison, mais pas l'opération de bâtir, et pour la médecine, c'est la santé, mais pas l'opération de guérir, ni celle de soigner. En revanche, dans d'autres cas, c'est l'usage qui constitue la tâche à remplir : par exemple, la vue a pour tâche de voir et la science mathématique, celle de méditer. Par conséquent, là où l'usage d'une chose est sa tâche, l'usage vaut nécessairement mieux que l'état.

Et maintenant que ces précisions sont données, nous pouvons dire que la tâche assignée à une chose est aussi bien celle qu'on prête à sa vertu, mais pas de la même façon. Par exemple, le métier de cordonnier et son exercice ont pour tâche de produire une chaussure ; si dès lors il y a quelque vertu dans cet art, qui serait celle du bon cordonnier, sa tâche, c'est de produire une bonne chaussure[18]. Et la même distinction s'impose dans les autres cas.

Admettons encore que la tâche de l'âme soit de faire vivre[19], et que vivre soit faire usage de l'âme et être *[25]* éveillé (car le sommeil est inertie d'une certaine façon et repos). Dès lors que la tâche de l'âme ou de sa vertu est nécessairement une seule et la même, il en résulte que la tâche de la vertu sera de rendre la vie bonne. Ce qui, donc, est le bien achevé ; lequel, on l'a dit, constitue le bonheur.

Et on peut le voir en partant de nos prémisses. En effet, on l'a dit, le bonheur est, pour sa part, le meilleur des biens ; d'autre part, les *[30]* fins qu'on situe dans l'âme sont aussi les meilleurs des biens ; or en elle, il n'y a qu'état ou activité ; dès lors si l'activité vaut mieux que la disposition, et qu'au meilleur état correspond la meilleure activité, vu que c'est la vertu le meilleur état, on voit qu'à la vertu correspond une activité de l'âme qui est le meilleur des biens ; or précisément, on l'a dit, c'est le bonheur qui est le meilleur des biens ; donc le *[35]* bonheur est l'activité de l'âme en bon état.

Par ailleurs, puisque le bonheur, on l'a dit, est quelque chose d'achevé, puisque la vie peut être achevée aussi bien qu'inachevée, et la vertu aussi (car elle est, tantôt totale, tantôt partielle), mais que les êtres inachevés ont une activité inachevée, alors le bonheur sera l'activité d'une vie achevée correspondant à une vertu achevée[20].

Confirmations.

D'autre part, on peut s'assurer qu'il est ce genre de chose et répond parfaitement à la définition que nous formulons, par le témoignage des opinions que nous partageons tous. *[1219 b]* En effet, selon l'opinion, réussir et vivre bien sont la même chose qu'être heureux ; et dans chaque cas c'est faire usage de quelque chose ; autrement dit, c'est une activité, aussi bien la vie que l'action. La vie active est en effet celle qui peut faire usage de quelque chose, car si le forgeron fabrique le mors, son usage est le fait de qui sait monter à cheval !

On tient aussi que le *[5]* bonheur n'est affaire ni d'un seul jour, ni de l'enfance, ni de tout âge. C'est précisément pourquoi l'avertissement de Solon se tient parfaitement : ne pas proclamer quelqu'un heureux de son vivant, mais attendre qu'il arrive a la fin. C'est que rien d'inachevé n'atteint au bonheur, vu que ce n'est pas un tout.

Et de plus, les louanges que s'attire la vertu sont motivées par les tâches qu'elle permet d'accomplir ; les éloges qu'on prononce portent sur elles, et ceux que l'on couronne sont les *[10]* vainqueurs, pas du tout ceux qui peuvent vaincre, mais ne remportent pas la victoire. C'est aussi à ses œuvres qu'on juge des qualités de quelqu'un.

Et puis, pourquoi le bonheur, lui, n'est-il pas objet de louanges ? Parce que c'est lui qui motive tout le reste, que l'on loue, soit parce qu'il se rapporte au bonheur, soit parce qu'il en fait partie. D'où la différence entre féliciter, faire la louange et prononcer un éloge. L'éloge, en effet, s'adresse à un ouvrage particulier, et la louange, aux qualités de quelqu'un en général, tandis que les félicitations notifient que la fin est atteinte[21].

D'autre part, une question qu'on soulève parfois s'éclaire aussi à la lumière de ces précisions. Pourquoi donc les gens vertueux ne valent-ils nullement mieux que les vilains la moitié de leur vie, puisqu'ils se ressemblent tous quand ils dorment ? Mais le motif en est que le sommeil est inertie de l'âme et pas du tout une activité.

C'est précisément pourquoi si l'on fait place à quelque autre partie de l'âme, par exemple à celle qui permet la nutrition, sa propre vertu ne fait pas partie de la vertu dans son ensemble, pas plus que la vertu corporelle, parce que c'est plutôt durant le sommeil que la partie nutritive est active[22], tandis que le sensitif et le désidératif n'arrivent pas à leurs fins dans le sommeil[23]. Toutefois, dans la mesure où, par quelque côté, leur excitation est possible, même les représentations oniriques sont meilleures chez les gens vertueux, à moins qu'ils ne soient victimes de maladie ou de dégénérescence.

Neuvième partie

L'AMITIÉ

Livre VII.

Introduction : questions controversées.

[VII, 1] À propos de l'amitié, la question est de savoir ce qu'elle est et quel genre de chose. Et qui mérite le titre d'ami ? Est-ce que l'amitié s'entend d'une seule façon ou de plusieurs ? Et dans ce dernier cas, de combien de façons ? De plus, comment faut-il traiter son ami ? Et qu'est-ce qui est juste en amitié ? Voilà qui n'exige pas moins l'examen que tout ce qui est beau et désirable en matière de mœurs !

La politique en effet semble avoir pour tâche principale de produire l'amitié, et c'est pour cela, dit-on, que la vertu a son utilité, car il est impossible que soient amies les personnes qui se traitent injustement les unes les autres[1]. De plus, ce qui est juste ou injuste est une question qui concerne surtout les amis, nous le soutenons tous. Ajoutons que le même individu qui semble bon semble aussi un ami, que l'amitié paraît un certain état moral[2], et que si l'on veut faire que les gens ne se traitent pas injustement, il suffit d'en faire des amis, car les amis véritables ne *[30]* se traitent pas injustement. En tout cas, s'ils sont justes, ils ne vont pas agir injustement. C'est donc bien la même chose, ou à peu près, que la justice et l'amitié.

De surcroît, nous sommes d'avis que l'ami compte parmi les plus grands biens, et que l'absence d'ami ou la solitude est la chose la plus terrible qui soit, parce que la vie entière se passe aussi volontiers en compagnie de nos amis. C'est avec nos intimes *[1235 a]* en effet, avec notre famille ou nos camarades que nous passons toutes nos journées, ou bien avec nos enfants, nos parents ou notre femme. Et ce qu'impose en privé la justice à l'égard des amis dépend de nous seulement, tandis que ce qu'elle impose envers les autres se trouve établi par la loi et ne dépend pas de nous.

Mais des questions se posent en grand nombre au sujet de *[5]* l'amitié. Elles sont d'abord agitées par ceux qui cherchent à la cerner de l'extérieur et lui confèrent trop d'extension dans leurs propos. De l'avis de certains en effet, c'est le semblable qui est l'ami de son semblable. D'où l'expression : *Comme toujours un dieu conduit le semblable vers son semblable*. Et en effet, *Le choucas fréquente le choucas* et *Le brigand reconnaît le brigand et le loup, le loup*[3]. *[10]* De leur côté, les auteurs qui nous parlent de la nature prétendent même organiser celle-ci dans sa totalité en prenant pour principe que le semblable va vers le semblable. C'est pourquoi Empédocle allait jusqu'à soutenir que la chienne était assise sur la tuile parce qu'elle lui ressemblait au plus haut point ! Voilà donc comment certains définissent ce qui est ami. Mais d'autres prétendent que c'est le contraire qui est l'ami de son contraire. En effet, pensent-ils, l'amour et l'appétit se portent toujours sur ce qu'on aime ; or si le sec a de l'appétit, ce n'est pas pour le sec, mais pour l'humide ; d'où l'expression *La terre est amoureuse de la pluie* ; et cette autre : *Le changement a toujours douce saveur*[4]. Or le changement aboutit au contraire. D'ailleurs, le semblable est ennemi du semblable, puisque *Le potier s'en prend au potier*[5], et que les animaux qui tirent leur nourriture des mêmes aliments sont hostiles entre eux.

Voilà donc à quel point les avis sont divergents. Les uns tiennent en effet que c'est le semblable qui est ami, et le contraire, l'ennemi, que *Toujours le plus grand a pour ennemi déclaré le plus petit, ce qui inaugure des jours de haine*[6], et qu'en outre, même les endroits qu'occupent les contraires sont séparés, alors que l'amitié passe pour rassembler. Mais pour d'autres, les contraires sont amis, et Héraclite reproche au poète d'avoir dit : *Que disparaisse la dispute de chez les dieux et les hommes*, car selon lui, il n'y aurait pas d'harmonie sans l'existence de l'aigu et du grave, ni d'animaux sans la femelle et le mâle, qui sont des contraires[7].

Ces deux opinions sur l'amitié sont à la fois

trop générales[8] et d'une classe à part dans cette mesure-là. Mais d'autres sont déjà plus proches et intimement liées aux faits manifestes. Certains par exemple sont d'avis que les méchants ne peuvent être amis, mais seulement les bons, alors que pour d'autres, c'est déplacé de ne pas prêter aux mères de l'amitié pour leurs enfants ; et manifestement, même chez les bêtes, il y a de l'amitié ; en tout cas elles sont prêtes à mourir pour leurs petits. Mais selon certains, c'est l'utile que l'on aime, exclusivement, et l'indice en serait précisément que tous ne poursuivent que cela et même débarrassent leur propre personne de l'inutile, comme le disait Socrate l'Ancien en parlant du crachat, des cheveux et des ongles ! Même les parties du corps, c'est un fait, nous les jetons lorsqu'elles sont inutiles et, finalement, le corps lui-même, une fois mort, car le cadavre est sans utilité, et ceux qui lui en trouvent une le conservent, comme on le fait en Égypte.

Tout cela dès lors semble être contradictoire. Car le semblable est inutile au semblable[9], la nature du contraire est au plus loin de la similitude, et le contraire, sans la moindre utilité pour son contraire, puisqu'il est propre à le détruire.

De plus, certains sont d'avis qu'il est facile d'acquérir un ami, mais d'autres, qu'il est rarissime d'en reconnaître un seul et impossible sans un revers de fortune[10], car si l'on connaît la réussite, tout le monde souhaite passer pour votre ami. Mais d'autres encore estiment qu'on ne doit même pas faire confiance à ceux qui restent à vos côtés dans les cas d'infortune, parce qu'ils cherchent à vous duper et sont des dissimulateurs, espérant que le commerce des infortunés leur permettra d'acquérir l'amitié de ceux-ci au retour de la bonne fortune.

L'amitié première et les deux autres formes d'amitié.

[VII, 2] Il faut dès lors avoir un argument qui nous permette de rendre compte au mieux des opinions sur ces questions et en même temps résoudre les embarras et les contradictions. Et c'est possible, à condition qu'apparaisse le bien-fondé des opinions contraires, car un tel argument sera parfaitement en accord avec les faits manifestes, et s'il arrive que restent les contradictions, c'est alors que ce qu'on dit est vrai d'une façon, mais non d'une autre[11].

Or, fait aussi difficulté la question de savoir si c'est l'agrément ou le bien que nous aimons. Car si nous aimons ce qui fait l'objet de l'appétit (comme c'est surtout le cas dans la sexualité, puisque *Nul n'est amant dont l'amour n'est pas éternel*[12]) et si l'appétit a pour objet l'agréable, de ce point de vue, ce qu'on aime, c'est l'agréable. Mais si nous aimons ce qui fait l'objet du souhait, alors, c'est le bien. Or, l'agrément est autre chose que le bien !

À leur sujet, toutefois, comme au sujet des autres choses qui leur sont apparentées, il faut tâcher de préciser en prenant le principe que voici : le désirable et souhaitable est, soit le bien, soit le bien apparent. C'est pourquoi l'agrément aussi est objet de désir, parce qu'il est apparemment quelque chose de bon[13]. Certains sont en effet de l'opinion que telle chose qu'ils désirent est bonne, alors que d'autres se représentent la chose ainsi, bien qu'ils n'en aient aucune opinion, vu que ce n'est pas dans la même partie de l'âme que logent la représentation et l'opinion[14]. Mais que soient aimables et le bon *[30]* et l'agréable, c'est évident[15].

Or cette précision donnée, il faut assumer un autre principe : c'est que parmi les bonnes choses, il en est qui le sont de façon pure et simple, tandis que d'autres le sont pour certaines personnes, mais pas de façon absolue, et que les mêmes choses qui sont bonnes absolument sont aussi agréables absolument. En effet, certaines choses profitables au corps, s'il est sain, sont, disons-nous, bonnes absolument pour le corps ; mais d'autres, qui conviennent au malade, ne le sont pas, *[35]* comme c'est le cas des médicaments ou des amputations. Et pareillement, sont aussi agréables absolument pour le corps celles qui plaisent au corps sain et dans son intégrité, par exemple la vision en pleine lumière, et pas celle qu'on a dans l'obscurité ; pourtant, pour celui qui souffre des yeux, c'est le contraire ! De même, le vin le plus agréable n'est pas celui qui plaît à la langue tout à fait corrompue des ivrognes, puisque ceux-ci le coupent de vinaigre, mais *[1236 a]* celui qui plaît au sens non corrompu. Or, c'est encore pareil dans le cas de l'âme : l'agréable n'est pas non plus ce qui plaît aux petits enfants et aux bêtes, mais ce qui plaît aux hommes adultes ; c'est du moins cet agrément que nous choisissons si nous avons en mémoire les deux. Or ce que sont le petit enfant et la bête par rapport à l'homme adulte, *[5]* le vilain et l'insensé le sont par rapport à l'homme honnête et sagace[16] ; et ce qui plaît à ce dernier, c'est ce qui correspond aux états de son âme, savoir ce qui est bon et beau.

Il est donc acquis que les bonnes choses peuvent s'entendre de plusieurs façons. Si nous disons une chose bonne, en effet, c'est tantôt parce qu'elle est de telle qualité en elle-même, tantôt parce qu'elle est avantageuse et utile ; mais en outre, celle qui est agréable l'est, tantôt absolument, et alors elle est bonne absolument, *[10]* tantôt elle l'est pour quelqu'un, et alors elle équivaut à un bien apparent. Dans ces conditions, si l'on admet que dans le cas des êtres inanimés, nous pouvons en choisir un et l'aimer pour chacun de ces motifs, on admettra qu'on puisse, exactement de la même façon, fixer aussi son choix sur un homme et l'aimer, celui-ci, parce qu'il est de telle qualité en lui-même et en raison de sa vertu, celui-là, parce qu'il offre des avantages et est utile, cet autre enfin, parce qu'il est agréable et en raison de son agrément. Il devient alors un ami lorsqu'il retourne l'amour dont il est l'objet *[15]* et que cette réciprocité n'échappe pas aux intéressés d'une manière ou d'une autre.

Il y a donc nécessairement trois formes d'amitié, et elles ne sont appelées ainsi, ni d'après l'unité à laquelle elles se réduiraient, pas même comme les espèces d'un seul et même genre, ni de façon tout à fait équivoque. Elles le sont en effet par référence à l'une d'entre elles, qui est aussi la première[17]. C'est la même référence qui explique tout ce qu'on dit médical : nous le disons en effet de l'âme, du corps, de l'instrument, et *[20]* de l'opération du médecin, mais au sens propre, nous le disons seulement de ce qui l'est en premier, c'est-à-dire ce dont la définition est implicite en nous : par exemple, nous parlons d'instrument médical pour désigner celui dont peut faire usage le médecin, alors que la définition du médecin ne contient pas celle d'instrument.

Ainsi donc on recherche partout ce qui est premier, mais parce que l'universel est premier, certains croient aussi que ce qui est premier est universel. Or c'est *[25]* faux, tant et si bien qu'à propos de l'amitié, ils ne peuvent non plus rendre compte de tous les faits manifestes. En effet, dès lors qu'une seule définition de l'amitié ne convient pas à toutes, ils croient que, hors la première, le reste n'est pas de l'amitié. Or ce sont là des amitiés, mais pas au même titre. Eux prétendent en revanche que l'amitié première est universelle parce que première et dès lors qu'elle ne correspond pas aux autres, les autres, disent-ils, ne sont pas de l'amitié. Mais en réalité, il y a *[30]* plusieurs formes d'amitié. On les a en effet évoquées à travers ce qu'on vient de dire, puisqu'on a distingué trois façons d'entendre l'amitié : l'une en effet se définit en raison de la vertu, l'autre, de l'utilité, et la troisième, du plaisir[18].

Celle des trois que motive l'utilité est l'amitié de la grande majorité des gens[19]. C'est en effet parce qu'ils sont utiles les uns aux autres que s'aiment la plupart des hommes, et ils le font *[35]* dans cette limite-là ; rappelons-nous le proverbe : *Glaucos est un homme secourable, un ami, tant que dure le combat*, et l'expression : *Les Athéniens ne cherchent plus à connaître les Mégariens*[20]. De son côté, l'amitié que motive le plaisir est celle des jeunes, parce que c'est à l'agrément qu'ils sont sensibles. C'est pourquoi l'amitié entre les jeunes change facilement, car les traits du caractère changent avec *[1236 b]* l'âge et donc l'agrément aussi. L'amitié que motive la vertu, en revanche, réunit les gens les meilleurs[21]. Ce qui montre que l'amitié première que se vouent les hommes de bien est une amitié mutuelle et le choix réciproque qu'ils font de préférence les uns des autres. Car si l'objet aimé est un objet cher à celui qui l'aime, l'ami, en revanche, est la personne aimée et qui aime en retour.

[5] Ainsi donc cette amitié ne se trouve qu'entre les êtres humains, puisque c'est là seulement que se perçoit un choix personnel, mais les autres amitiés se trouvent aussi chez les bêtes. En particulier, le sens de l'utile, dans une certaine mesure, paraît leur appartenir, jusque dans leur rapport à l'homme, chez les bêtes apprivoisées, ainsi que dans leurs rapports mutuels : le roitelet, par exemple, à ce que dit Hérodote, se rendrait utile au crocodile[22], et d'après *[10]* ce que disent

les devins, les oiseaux qui se rassemblent ou se dispersent voudraient aussi nous être d'une certaine utilité.

Les méchants de même peuvent être amis les uns des autres, tant par utilité que par plaisir. Du fait, cependant, que ce n'est pas l'amitié première qui les unit, certains nient leur amitié, sous prétexte que le méchant, en tout cas, ne peut s'empêcher de faire tort au méchant, et que les victimes d'injustices réciproques ne se vouent pas d'amitié[23]. Mais ça ne veut pas dire qu'ils ne s'aiment pas : *[15]* ça veut dire qu'ils ne se vouent pas d'amitié au sens premier du terme. Car les autres amitiés, pour leur part, ne leur sont nullement impossibles. Par plaisir, en effet, les méchants supportent leur nuisance mutuelle, à l'image de ceux qui ne sont pas maîtres d'eux-mêmes. Une opinion se refuse à croire aussi que ceux qui s'aiment par plaisir soient amis l'un de l'autre, quand on scrute avec minutie, vu que ce n'est pas là l'amitié première, laquelle est en effet solide, alors que la leur ne l'est pas[24]. *[20]* Mais c'est bien là, comme on l'a dit, de l'amitié, non la première, certes, mais elle la démarque.

Ainsi donc, parler d'un ami d'après ces opinions-là, c'est faire violence aux faits manifestes et tenir des propos qui donnent forcément dans le paradoxe. Toutes les amitiés, c'est vrai, ne peuvent répondre à une même définition, mais dans ces conditions, reste que si, d'une certaine façon, seule l'amitié première est de l'amitié, d'une autre façon, toutes le sont, *[25]* non de manière purement nominale, c'est-à-dire en n'ayant entre elles qu'un rapport fortuit, mais plutôt parce qu'elles se rapportent à un seul point de référence.

D'autre part, dès lors que bon absolument et agréable absolument reviennent au même et que les deux vont de pair à moins d'un empêchement ; dès lors que, de son côté, le véritable ami, c'est-à-dire l'ami sans réserve, est l'ami au sens premier, et que tel est celui qu'on peut choisir personnellement pour lui-même (or ce genre de personne existe nécessairement, *[30]* car si on lui veut du bien pour elle-même, on doit aussi nécessairement la choisir, quand c'est le cas, pour elle-même), dans ces conditions, le véritable ami est aussi agréable absolument. C'est pourquoi l'on est d'avis qu'un ami, à quelque titre que ce soit, offre de l'agrément.

Mais il faut encore apporter à ce sujet des précisions supplémentaires, car on peut soulever une question : est-ce qu'on aime, chez un ami, ce qui est bon pour lui ou ce qui l'est absolument ? Et *[35]* est-ce que oui ou non l'acte d'aimer s'accompagne de plaisir, ce qui ferait que l'objet aimé serait, lui aussi, plaisant ?

Les deux sortes de bien doivent en fait se ramener au même, car ce qui n'est pas bon absolument, mais peut, si ça se trouve, être mauvais, c'est, dans l'absolu, quelque chose à fuir, et ce qui n'est pas bon pour une personne n'a rien à faire avec elle. Non, ce qu'on cherche, c'est que les choses bonnes absolument le soient pour la personne intéressée, car *[1237 a]* si l'on peut souhaiter ce qui est bon absolument, ce qui est souhaitable pour une personne, c'est ce qui est bon pour elle, et les deux doivent s'accorder. C'est précisément cet accord que produit la vertu, et la politique a pour propos de le faire advenir chez ceux en qui il n'existe pas encore.

Mais, on y est bien disposé et préparé du fait qu'on est un être humain (est en effet naturellement bon pour l'homme ce qui l'est absolument), et singulièrement si l'on est de sexe masculin, au lieu d'être une femme, ou bien doué, au lieu d'être mal doué ; cependant *[lacune]* le chemin passe par le plaisir et, nécessairement, le beau doit être agréable. Et lorsqu'il y a là désaccord, c'est qu'on n'est pas encore vertueux complètement, car il se peut, dans ces conditions, qu'on n'ait pas la maîtrise de soi. En effet, le désaccord entre le bon et l'agréable, là où jouent les affections, est un manque de maîtrise de soi[25].

En conséquence, dès lors que l'amitié première est vertueuse, elle doit aussi réunir des personnes qui sont bonnes absolument. Et alors, ce n'est pas parce qu'elles peuvent se rendre service, mais d'une autre manière qu'elles sont bonnes[26], puisqu'il y a deux manières de l'être : pour un tel ou absolument. Et, à cet égard, les états sont tout à fait comparables à ce qui est profitable : une chose, en effet, est de l'être absolument, et une autre de l'être pour telle personne, prenons par exemple, les exercices de gymnastique comparés aux prises de médicaments. Par conséquent, c'est aussi le cas de l'état que constitue la vertu de l'homme. Admettons en effet que l'homme soit au nombre des êtres naturellement vertueux : sa vertu, en pareille hypothèse, sera en effet un bien dans l'absolu ; mais, dans le cas contraire, la vertu ne sera un bien que pour celui-là qui est vertueux.

Dès lors, il en va aussi de cette façon pour l'agréable. En effet, il faut ici marquer un arrêt et examiner s'il peut y avoir une amitié sans plaisir, quel serait son trait distinctif et sur quoi pourrait bien reposer le fait d'aimer sans plaisir. Est-ce parce que la personne aimée est bonne, à défaut d'être agréable ? En tout cas, ce n'est pas en raison de son agrément ! Mais alors, puisque aimer s'entend en deux sens[27], est-ce parce qu'il est bon d'aimer au sens d'exercer une activité que cette activité ne paraît pas sans plaisir ?

Il est évident par ailleurs qu'il en va tout comme sur le terrain de la science : de même que, à peine entamées, les études et les formes d'apprentissage sont marquantes surtout par le plaisir qu'elles procurent, de la même façon, les occasions de reconnaître nos familiers le sont aussi par ce plaisir. Et l'explication est la même dans les deux cas. Il est naturel, en tout cas, que ce qui est bon sans réserve soit agréable sans réserve, et que ceux pour qui c'est bon le trouvent agréable. C'est pour cela que, d'emblée, les semblables font la joie les uns des autres et que l'homme trouve en l'homme l'être le plus agréable[28]. Par conséquent, dès lors que c'est le cas même pour un homme imparfait, bien évidemment, ce l'est aussi pour un homme parfait. Or le vertueux a cette perfection.

D'autre part, si l'acte d'aimer consiste à choisir de préférence l'un et l'autre, avec plaisir, et à se connaître mutuellement, il est évident qu'en général l'amitié première consiste aussi à choisir de préférence l'un et l'autre ce qui est absolument bon et agréable, parce que c'est bon et agréable. Et l'amitié elle-même est l'état d'où découle pareille décision[29]. La tâche qu'elle accomplit, en effet, *[35]* est un acte, lequel se situe, non en dehors, mais en dedans même de celui qui aime, alors que chaque puissance opère à l'extérieur, œuvrant en effet, soit dans un autre, soit en soi-même en tant qu'autre.

Voilà pourquoi c'est aimer qui procure de la joie, et non être aimé, car ceci est l'acte d'être aimable, tandis que cela est l'acte d'amitié[30], et c'est un acte inhérent à l'être animé, alors qu'être aimé est également inhérent à l'inanimé, puisqu'on aime aussi les *[40]* objets inanimés[31].

D'autre part, puisque aimer activement *[1237 b]* consiste à traiter la personne aimée en personne qu'on aime, et puisque l'ami est aimé de son ami en tant que tel (et non en sa qualité de musicien ou de médecin), c'est néanmoins le plaisir qu'on tire de sa personne en tant que telle qui fait le plaisir de son amitié, car c'est cette personne qu'on aime et on ne l'aimerait pas si c'était une autre. Par conséquent, sans la joie que suscite un ami en tant que bonne personne, pas de place pour *[5]* l'amitié première. Et aucun obstacle accidentel ne doit s'ériger au-dessus de sa bonté pour empêcher de lui trouver de l'agrément. À quoi en est réduit en effet un ami qui sent fort mauvais ?

Il se contente bel et bien de notre bienveillance, faute de compagnie[32].

Voilà donc l'amitié première, sur laquelle tout le monde tombe d'accord. Quant aux autres, elles lui doivent d'être à la fois reconnues et contestées. L'amitié passe en effet pour quelque chose de solide ; or seule la première a de la solidité, car c'est ce qui est passé au crible du jugement qui est solide, et ce jugement ne peut être posé de façon correcte sur ce dont l'avènement est rapide et facile. D'autre part, il n'y a pas, sans confiance, d'amitié solide ; or la confiance ne s'acquiert pas sans le temps, car elle a besoin d'en subir l'épreuve, comme l'affirme précisément Théognis : *C'est qu'on ne peut connaître cœur d'homme, ni de femme avant de l'avoir éprouvé comme la bête sous le joug*[33]. Pas d'ami non plus sans le temps, mais on peut souhaiter l'être, et c'est surtout ce genre d'état qui se cache sous couleur d'amitié. Lorsqu'on met en effet beaucoup d'ardeur à être des amis, le fait de se rendre obligeamment toutes les marques d'amitié l'un à l'autre conduit à croire, non qu'on souhaite devenir, mais que l'on est déjà des amis. Or il en va exactement en amitié comme partout ailleurs. Ce n'est pas en effet parce qu'on souhaite avoir la santé qu'on la possède ; par conséquent, ce n'est pas non plus parce qu'on le souhaite que, du coup, l'on est des amis. Et ce qui l'indique, c'est que les personnes ainsi disposées, sans s'être éprouvées, sont volontiers sensibles à la calomnie. En effet, sur les points où elles se sont éprouvées mutuellement, il n'est pas facile de les calomnier, mais sur les autres points, elles peuvent se laisser convaincre quand les médisants leur fournissent des signes qui concordent.

Et en même temps, il est clair qu'il n'y a pas non plus de place chez les méchants pour cette amitié. Le méchant en effet n'inspire pas confiance et il est d'un caractère mal disposé envers tout le monde, car c'est à l'aune de sa propre personne qu'il mesure les autres. C'est pourquoi il est relativement aisé de duper *[30]* les hommes bons, à moins que l'expérience ne leur ait appris à se défier[34]. De leur côté, les méchants s'attachent aux biens naturels[35] au lieu de s'attacher à leurs amis, et aucun d'eux n'aime la personne humaine plutôt que les choses. Par conséquent, ce ne sont pas des amis, car dans ces conditions, ils n'arrivent pas à partager ce qui est commun entre amis. Chez eux, en effet, l'ami vient s'ajouter aux choses, non les choses aux amis.

Il est donc impossible à *[35]* l'amitié première de naître entre beaucoup de personnes, parce qu'il est malaisé d'en éprouver beaucoup. Il faudrait en effet partager la vie de chacun.

Dès lors, il ne faut pas non plus adopter les mêmes critères dans le choix d'un manteau et celui d'un ami. Certes, en tout, le bon sens paraît vouloir qu'entre deux choix possibles, on opte pour le meilleur et que, si le pire a été adopté de longue date et le meilleur pas encore, il faille opter pour celui-ci. *[40]* Mais ce n'est pas qu'il faille substituer à son ami de longue date l'inconnu éventuellement meilleur, *[1238 a]* car il lui est impossible sans épreuve et en un seul jour d'être cet ami. Cela demande, au contraire, du temps. C'est pour cela qu'est passé en proverbe *le boisseau de sel*... Dans le même temps, il doit par ailleurs être bon, non seulement dans l'absolu, mais encore pour toi, dès lors qu'il est appelé à être ton ami, à toi. En effet, l'on est bon *[5]* dans l'absolu du simple fait d'être bon ; mais l'on est un ami du fait d'être bon pour l'autre ; et l'on est bon dans l'absolu et un ami à la fois quand les deux exigences sont en accord, de sorte que ce qui est bon dans l'absolu soit cela même qui est bon pour l'autre, bien que sans être bon dans l'absolu pour le vertueux, on puisse l'être pour un autre, parce qu'on lui est utile.

Par ailleurs, être l'ami de beaucoup de personnes en même temps se heurte encore à l'obstacle que constitue l'acte d'aimer, *[10]* vu que celui-ci ne peut s'exercer en même temps envers beaucoup de monde.

Ces considérations montrent dès lors qu'on a raison de placer l'amitié parmi les choses solides, comme de ranger le bonheur parmi celles qui se suffisent à elles-mêmes[36]. On a bien raison aussi de déclarer : *La nature est chose solide, non les richesses*[37], encore qu'il serait mieux de dire « la vertu » au lieu de « la nature ». On soutient également à bon droit que c'est le temps qui *[15]* montre celui qu'on aime, comme le font les moments d'infortune, plus que les périodes de succès. C'est alors en effet que se partage ce qui est commun entre amis. Car au lieu des biens ou des maux naturels que distribuent les caprices de la fortune, bonne ou mauvaise, les amis sont les seuls à préférer la personne humaine à la faveur d'avoir ces biens et non ces maux[38]. Or c'est l'infortune qui met en lumière ceux qui ne sont pas réellement des amis, mais partagent votre sort par intérêt, et c'est le temps qui révèle les deux genres d'individus. Même l'ami utile en effet ne se révèle pas rapidement ; au contraire, c'est plutôt l'ami plaisant. Et encore, le plaisant sans réserve ne se voit pas vite non plus, car les hommes sont comme les vins et les aliments. L'agrément de ces choses en effet se révèle rapidement, mais avec le temps, elles deviennent fades et sans saveur. Et dans le cas des hommes, c'est pareil, car l'agréable sans réserve, lui aussi, doit se déterminer à la fin et à l'épreuve du temps. Du reste, même le grand nombre conviendrait qu'il ne doit pas l'être à partir seulement des impressions qu'il donne, mais selon le critère appliqué à la boisson qu'ils appellent « sirupeuse » : ce n'est pas en effet à l'impression qu'elle donne que celle-ci est désagréable, mais parce que cette impression n'est pas continue et qu'au départ elle est trompeuse.

Ainsi donc l'amitié première, qui vaut aussi aux autres leur appellation, est l'amitié fondée sur la vertu et sur le plaisir que procure la vertu, comme on l'a dit auparavant[39]. Les autres amitiés, au demeurant, prennent même naissance entre les enfants, les bêtes et les méchants. De là vient qu'on dit : *À chaque âge, un ami de son âge pour s'amuser* et *Le mauvais au mauvais s'attache par plaisir*[40].

[35] Cependant, il se peut encore que les méchants se plaisent entre eux, non pas en tant que tels ou au titre de personnes qui ne seraient ni méchantes ni bonnes, mais, par exemple, en raison de leur don commun pour le chant ou parce que l'un est amateur de chansons et l'autre, doué pour le chant. Et s'il est vrai que tout le monde a un bon côté, ils s'accordent aussi l'un à l'autre par ce côté-là. De plus, ils peuvent être utiles l'un à l'autre et profitables, non dans l'absolu, mais en fonction du *[1238 b]* projet qu'ils arrêtent ou à titre de personnes ni bonnes ni méchantes. Par ailleurs, il se peut même que l'honnête homme soit, pour le vilain, un ami[41]. Chacun peut en effet être utile à un autre en fonction de son projet : le vilain peut servir à celui qu'arrête le vertueux et ce dernier, tantôt à celui de l'incontinent, tantôt à celui du *[5]* vilain, si ce projet est naturel. Il leur souhaitera même tous les biens possibles, sans réserve, s'il s'agit de biens dans l'absolu, et s'il s'agit de biens pour eux, il leur souhaitera sous condition : pour autant que la pauvreté soit profitable, ou les maladies, elles sont en effet souhaitables en vue de ce qui est bon absolument. C'est comme de boire un remède : on ne souhaite pas en effet cela en soi, mais en vue de telle chose. De plus, ils peuvent être amis de toutes les façons dont le sont l'un pour l'autre *[10]* ceux qui ne sont pas vertueux. Le méchant peut en effet être agréable, non pas en tant que tel, mais parce qu'il présente, d'un certain côté, une qualité qu'on partage (par exemple s'il est cultivé) et aussi parce qu'il y a, chez tout

le monde, un côté honnête (ce qui peut entraîner certains à être fréquentables pour un vertueux), ou parce qu'ils sont conciliants avec chacun (vu qu'ils ont tous quelque chose de bon)[42].

L'amitié entre personnes inégales.

[VII, 3] *[15]* Ainsi donc voilà les trois formes d'amitié. Or dans toutes ces formes, l'amitié s'entend sur un pied d'égalité d'une certaine façon. En effet, ceux-là même qui sont amis en raison de leur vertu ont l'un pour l'autre une amitié qui repose sur l'égalité de vertu en quelque sorte, mais il y a une autre amitié, différente de la leur : celle qui tient compte d'une supériorité comme celle que présente la vertu du dieu comparée à l'homme.

C'est là en effet une forme d'amitié différente, qui *[20]* en général unit un commandant et un commandé, et où, pareillement, s'observe une différence dans ce qui est juste : le juste est en effet alors une égalité de proportion, et non une égalité numérique[43]. C'est le genre de rapport amical où se trouvent le père relativement à son fils et le bienfaiteur relativement à son obligé. Cependant, ces amitiés elles-mêmes comportent des différences. Une chose est, en effet, l'amitié du père pour son fils, autre chose celle de l'homme pour sa femme, l'une tenant du rapport entre *[25]* commandant et commandé, l'autre, du rapport entre bienfaiteur et obligé.

Or dans ces conditions, il n'y a pas, ou du moins pas pareillement, de réciprocité dans l'amour. Il serait en effet ridicule de faire au dieu le reproche de ne pas donner en retour un amour pareil à celui dont il est l'objet ou de faire ce reproche à celui qui commande, car c'est le fait d'être aimé, non celui d'aimer, qui caractérise celui qui commande, ou alors, c'est d'aimer d'une autre *[30]* façon. Le plaisir aussi est différent, et pas du tout le même, selon qu'il est donné au sujet autosuffisant par ce qui est en sa possession (ou par son enfant) ou au sujet dans le besoin par ce qui entre en sa possession.

La même observation, au demeurant, vaut à la fois pour ceux qui sont amis par utilité et pour ceux qui le sont par plaisir : il y en a qui sont sur pied d'égalité et d'autres, où se présente une supériorité. C'est précisément pourquoi ceux qui se croient à égalité se plaignent si *[35]* les services et les bienfaits donnés et reçus ne sont pas semblables. Et les mêmes plaintes concernent le plaisir ; ce qui est d'ailleurs évident dans les relations entre amants, puisque c'est pour ce motif que ces derniers se cherchent l'un à l'autre querelle bien souvent : l'amant ignore en effet qu'ils n'ont pas tous les deux la même raison de désirer l'autre. Aussi bien Eunikos[44] a-t-il dit : *Tel est l'argument de l'aimé, pas celui de l'amant !* Mais ils pensent, eux, avoir la même raison[45].

[VII, 4] *[1239 a]* Donc il existe, comme on l'a dit, trois formes d'amitié, que règlent la vertu, l'utilité et le plaisir, mais celles-ci, à leur tour, se trouvent divisées en deux catégories, puisqu'elles reposent, tantôt, sur l'égalité, tantôt, sur une supériorité.

Ainsi donc, ce sont des formes d'amitié dans les deux cas, mais il n'y a d'amis que ceux qui sont à égalité. Il serait en effet absurde de tenir un adulte pour l'ami d'un petit enfant, alors que pourtant, il l'aime et en est aimé. En certains cas d'ailleurs, c'est une obligation d'aimer le supérieur, mais si ce dernier vient à aimer son inférieur, on le blâme au motif qu'il aime quelqu'un qui ne le mérite pas. C'est en effet le mérite des amis qui mesure l'amitié, ainsi qu'une certaine égalité. Certains donc, faute d'avoir l'âge, ne méritent pas d'être aimés de façon semblable, d'autres, c'est en raison de la vertu ou de la naissance de ceux qu'ils aiment, ou en raison d'une quelconque supériorité de ce genre ; mais il est toujours de la dignité du supérieur de rendre moins, voire pas du tout, l'amitié dont il est l'objet, qu'elle se situe dans l'ordre de l'utile ou dans l'ordre de l'agréable ou qu'elle se fonde sur la vertu.

Dès lors, chaque fois que la supériorité est minime, il est normal que se fassent jour des contestations. Car une différence minime, en certains cas, n'a aucune importance, comme dans la pesée du bois, alors qu'elle en a dans la pesée de l'or. D'autre part, une différence minime se laisse mal juger, car le bien qui nous est personnel paraît grand en raison de sa proximité, tandis que chez autrui, il paraît mince parce qu'il est loin. Mais lorsqu'il y a excès de supériorité, on n'a même pas soi-même à rechercher si l'on doit être aimé en retour ou l'être de la même façon : c'est comme si l'on réclamait cette réciprocité du dieu.

Il est dès lors manifeste que des personnes sont amies quand elles sont à égalité, bien qu'elles puissent s'aimer réciproquement sans être amies[46]. Et l'on voit aussi pourquoi les hommes recherchent plutôt l'amitié que leur vaut une supériorité que l'amitié égalitaire : c'est qu'ainsi ils ont en même temps l'avantage d'être aimés et celui de la supériorité. Aussi bien le flatteur, auprès de certains, est-il plus à l'honneur que l'ami, car il procure à celui qui est flatté le sentiment d'avoir les deux avantages. Mais ce sont surtout les ambitieux[47] qui ont ce sentiment. Être admiré suppose en effet une supériorité ; or la nature qui rend les uns amicaux rend les autres ambitieux ; d'autre part, est amical celui qui a plus de joie à aimer qu'à être aimé, mais dans le cas contraire, on est plutôt ambitieux ; donc celui qui se plaît à être admiré et à être aimé est quelqu'un qui aime la supériorité, alors que celui dont le plaisir est d'aimer, lui, incline à l'amitié. Aimer, en effet, implique la nécessité d'être actif[48], car être aimé est un accident, puisqu'on peut ne pas s'apercevoir qu'on l'est, mais pas que l'on aime. Et il est aussi conforme à l'amitié d'aimer, plutôt que d'être aimé, tandis qu'être aimé est conforme à l'aimable. L'indice en est d'ailleurs que si les deux sont impossibles, l'ami préfère connaître l'autre plutôt que d'en être connu, comme font les femmes qui confient a d'autres leur enfant et se comportent comme l'Andromaque d'Antiphon[49], car vouloir être connu semble poursuivre un dessein égoïste, c'est-à-dire devenir l'objet, mais non l'agent, d'un bienfait, alors que connaître répond à la volonté d'être cet agent et d'aimer. C'est précisément pourquoi *[1239 b]* nous louons ceux qui persistent dans leur amour envers les défunts : c'est qu'ils les connaissent sans en être connus.

Amitié et similitude.

Ainsi donc on a dit qu'il y a plusieurs formes d'amitié, et précisé combien : il y en a trois. On a dit aussi qu'être aimé, aimer en retour et être des amis sont des choses différentes selon qu'on se trouve sur un pied d'égalité ou qu'un partenaire est supérieur. [VII, 5] Mais puisque le mot « ami » est aussi employé dans un sens plutôt universel, comme on l'a déclaré au début, par ceux qui cherchent à cerner l'amitié de l'extérieur (les uns prétendent en effet que c'est le semblable qui est ami, les autres que c'est le contraire), il faut encore s'exprimer là-dessus et dire quel rapport a tout cela avec les amitiés dont on a parlé[50].

Or le semblable, pour sa part, se rapporte aussi à l'agréable et au bien. Le bien, en effet, est chose simple, tandis que le mal a des formes multiples[51]. Ainsi, l'homme bon est toujours semblable et ne change pas de caractère, alors que le vilain ou l'insensé n'a jamais le même air du matin au soir. C'est pourquoi, à moins de changer de concert, les vilains ne sont pas des amis pour eux-mêmes, mais se tiennent à distance. Or l'amitié qui n'est pas solide n'est pas de l'amitié.

En ce sens, par conséquent, c'est le semblable qui est ami, parce que ce qui est bon se ressemble. Et d'une certaine façon, c'est aussi le cas si l'on considère l'agréable. Les personnes semblables, en effet, trouvent du plaisir à la même chose et, d'autre part, chacun est naturellement une personne qui se plaît à elle-même. C'est précisément pourquoi leurs voix, leurs états, leurs fréquentations à longueur de journée sont source, pour les congénères, du plus vif agrément mutuel, même chez les autres animaux. Et c'est dans cette optique qu'on peut admettre que même les vilains s'aiment les uns les autres : *Le mauvais au mauvais s'attache par plaisir*[52].

De son côté, le contraire est ami du contraire à titre d'utilité. Le semblable, en effet, est sans utilité pour soi-même. C'est pourquoi le maître a besoin de l'esclave et l'esclave, du maître, de même que la femme et l'homme ont besoin l'un de l'autre. Et si le contraire est agréable et fait l'objet de l'appétit, c'est parce qu'il est utile, autrement dit, ce n'est pas parce qu'il constitue une fin, mais parce qu'il est un moyen en vue de cette fin. Car lorsqu'on a obtenu ce qui fait l'objet de son appétit, on est arrivé à ses fins et l'on ne désire pas le contraire, comme le chaud qui aspirerait au froid et le sec, à l'humide. Cependant, l'on peut dire aussi d'une certaine façon que l'amitié du contraire est celle du bien, puisque les contraires tendent l'un vers l'autre en raison du moyen[53]. Ils le font en effet comme des moitiés qui s'ajustent, vu que ce qui résulte ainsi des deux est l'unité qui tient le milieu. De plus, c'est par accident qu'il y a désir du contraire. Par soi, en revanche, le désir vise la moyenne, car les contraires n'aspirent pas l'un à l'autre, mais au milieu. En effet si, après avoir eu trop froid, *[35]* l'on se réchauffe, on va s'installer dans la moyenne ; de même, si, après avoir eu trop chaud, l'on se refroidit. Et c'est encore pareil dans les autres cas, sans quoi l'on serait toujours en proie à l'appétit, faute de se trouver dans les moyennes. Mais qui se trouve dans la moyenne goûte d'une joie exempte d'appétit[54] ce qui est naturellement agréable, alors que la joie des autres se trouve dans tout ce qui sort de l'état naturel.

Voilà donc *[40]* une forme d'inclination qu'on observe aussi chez les êtres inanimés. Mais l'acte d'aimer apparaît *[1240 a]* quand celle-ci prend place chez les êtres animés. C'est pourquoi, quelquefois, ils ont de la joie aux êtres dissemblables, les personnes austères, par exemple, aux personnes enjouées, ou les personnes vives, à celles qui sont langoureuses, car elles sont entraînées les unes par les autres à une posture qui tient le milieu. C'est donc par accident, comme on l'a dit[55], que les contraires sont amis, et c'est en raison de ce qui est bon.

L'amour de soi-même, la concorde et la bienveillance.

[VII, 6] Ainsi donc on a dit combien *[5]* il y a de formes d'amitié et quelles différences recouvre le langage quand on parle d'amis et de personnes qui aiment ou sont aimées pour signifier, ou non, qu'elles sont amies. Quant à savoir si l'on peut être, ou non, pour soi-même un ami, la question réclame plus qu'un simple examen.

Dans l'opinion de certains, en effet, chacun est avant tout ami de soi-même, et les tenants de cette opinion prennent comme règle l'amour de soi pour juger de l'amitié envers d'autres personnes. Mais d'après les arguments fournis, les caractéristiques que l'opinion attribue aux amis sont aussi, pour une part, opposées à l'attitude envers soi-même, quoique, pour l'autre part, elles soient manifestement semblables. D'une certaine façon, l'on peut, en effet, par analogie, parler de l'amour de soi en termes d'amitié, mais pas dans l'absolu, car être aimé et aimer supposent deux sujets distincts. Et les raisons pour lesquelles on est ami de soi-même sont plutôt les mêmes qui expliquent, on l'a dit à propos du sujet continent ou incontinent[56], comment ce sujet peut agir de son plein gré ou contre son gré : c'est parce que les parties du sujet en question sont en quelque sorte confrontées l'une à l'autre, je veux dire les parties de son âme. Et c'est une confrontation semblable qui s'observe dans toutes les hypothèses du même genre, où l'on fait du sujet un ami ou un ennemi de lui-même, et que l'on suppose qu'il est injuste envers lui-même[57]. Tous ces cas impliquent en effet deux parties en lui-même et des parties distinctes. Dès lors, dans la mesure où l'âme aussi se dédouble d'une certaine façon, elle présente en quelque sorte cette division ; mais dans la mesure où ses parties ne sont pas distinctes, ce n'est pas le cas.

Cependant, la disposition du sujet envers lui-même permet de définir les façons d'aimer que notre examen prend habituellement en compte pour argumenter.

L'opinion veut en effet qu'un ami soit celui qui souhaite le bien de quelqu'un, ou ce qu'il croit tel, non pour une raison personnelle, mais parce qu'il se préoccupe de lui. D'une autre façon cependant, ce serait celui à qui l'on souhaite d'exister, toujours dans cette préoccupation, et non pour une raison personnelle, quand même l'on ne partagerait pas ses biens avec lui, ni, certes, son existence, l'opinion jugeant que c'est cela, aimer par-dessus tout. Mais d'une autre façon, serait un ami celui avec qui l'on choisit de partager sa vie, parce qu'on veut sa compagnie elle-même et rien d'autre, comme font les pères : l'existence de leurs enfants leur tient à cœur, mais ils partagent leur vie avec d'autres.

Toutes ces opinions, dès lors, entrent en conflit les unes avec les autres. Certains croient en effet qu'on ne les aime pas à moins de vouloir ce qui est bon pour eux, d'autres, a moins de vouloir qu'ils existent, d'autres, à moins de vouloir vivre avec eux[58].

De plus, nous pouvons poser que prouver son attachement, c'est partager la douleur de celui qui souffre, non pour quelque raison détournée comme celle des esclaves dans leurs rapports avec leurs maîtres (c'est parce que ceux-ci, une fois souffrants, sont difficiles, qu'ils partagent leur douleur), et non par souci de leurs personnes, comme font les mères avec leurs enfants, et les oiseaux qui partagent les plaintes de leurs petits. En effet, s'il est une chose que souhaite avant tout un ami, c'est non seulement partager les peines de son ami, mais encore souffrir du même chagrin : par exemple, s'il a soif, partager sa soif si possible et, à défaut, un tourment qui s'en rapproche au plus près. Le même argument vaut d'ailleurs aussi pour la joie : se *[1240 b]* réjouir sans autre motif que l'autre est joyeux est en effet une marque d'amitié. On entend dire encore de l'amitié les propos suivants, que *l'amitié vaut égalité* et que *font une seule âme ceux qui sont vraiment amis*[59].

Tous ces traits distinctifs peuvent se rapporter à l'individu pris isolément. Il se souhaite en effet à lui-même du bien *[5]* de cette façon-là, car personne, pour se bien traiter personnellement, n'a besoin d'aucun motif en dehors du souci de sa propre personne ; il n'en attend pas non plus de gratitude et ne proclame pas qu'il a été son propre bienfaiteur, étant une seule et même personne. Celui qui fait étalage de son amour n'a en effet qu'un souhait : paraître un ami, plutôt que l'être. De même, être en union parfaite avec soi-même et vivre ainsi, prendre sur soi ses joies et ses peines, n'être alors qu'une seule âme, *[10]* ne pouvoir laisser une partie de soi sans l'autre et non seulement vivre, mais mourir uni de la sorte, telles sont en effet des dispositions de l'individu pris isolément, et c'est sur un pied d'égalité qu'il traite avec lui-même !

Tous ces traits distinctifs, cependant, c'est à l'homme de bien qu'ils s'attribuent, dans son rapport avec lui-même. Car chez le misérable, les parties de soi sont en désaccord comme en témoigne celui qui n'est pas maître de soi et c'est pour cela qu'il donne même le sentiment de pouvoir être son propre ennemi. Mais en tant qu'il est un et indivisible, désirable à ses propres yeux, l'homme de bien, lui, présente ces traits distinctifs, ainsi que l'ami vertueux, dès lors que c'est seulement le méchant qui n'est pas un, mais plusieurs, et peut, dans le même jour, devenir un autre personnage et se transformer. Par conséquent, l'amitié qu'on se voue à soi-même se ramène aussi à celle de l'homme de bien. Du fait que celui-ci, d'un certain point de vue, reste semblable à lui-même et un, du fait aussi qu'il est bon pour lui-même de ce point de vue, il est en effet son propre ami et une personne désirable à ses propres yeux. Et ces qualités lui reviennent naturellement, au contraire du misérable, qui est contre nature. Du reste, l'homme de bien n'est sujet ni à se blâmer sur l'instant, comme l'incontinent, ni à se reprocher après ce qu'il a fait avant, comme le sujet repentant, ni à se faire grief à l'avance de ce qu'il fera plus tard, comme le menteur, et en général, s'il faut reprendre la distinction sophistique, il ressemble aux individus de la paire Coriscos et Coriscos vertueux[60], qui ont évidemment la même mesure de vertu. En effet, dès lors qu'ils se plaignent d'eux-mêmes, les gens cherchent à se supprimer[61].

Et pourtant, dans l'opinion qu'il a de lui-même, chacun se croit bon. Mais celui qui est bon dans l'absolu, lui, cherche à être aussi son propre ami, comme on l'a dit, parce qu'il a, en sa propre personne, deux composantes qui ont naturellement *[30]* le souhait de l'être et dont il est impossible de rompre les liens. C'est pourquoi, dans l'espèce humaine, chacun semble son propre ami, alors que chez les autres animaux, ce n'est pas le cas : par exemple, un cheval n'est pas à ses propres yeux désirable[62], ni donc un ami. D'ailleurs, ce n'est pas non plus le cas des petits enfants, sauf dès l'instant ou ils sont en position de choisir entre deux choses[63], car dès ce moment, l'intelligence entre en désaccord avec l'appétit. Par ailleurs, *[35]* l'amitié qu'on a pour soi a les allures de l'amitié entre parents, car ni dans un cas ni dans l'autre, on n'a les ressources de rompre cette amitié ; au contraire, même s'il arrive un différend, malgré tout, les parents sont encore des parents, et chacun reste une seule personne tout au long de sa vie.

[VII, 7] Ainsi donc on peut voir, d'après ce qui vient d'être dit, que de choses différentes on peut donner à entendre lorsqu'on parle d'aimer, et constater que toutes les amitiés se ramènent à la première. Cependant, il est à propos d'ajouter à *[1241 a]* notre examen des considérations sur la concorde et la bienveillance, car, de l'avis de certains, ce sont des choses identiques à l'amitié[64] ou, selon d'autres, des choses qui ne vont pas sans elle et réciproquement.

La bienveillance, pour sa part, n'est ni tout à fait autre chose que l'amitié, ni la même chose, car selon notre distinction, l'amitié prend trois formes, mais ni l'amitié utile, ni celle que motive le plaisir ne l'impliquent. En effet, si c'est parce qu'il est utile qu'on veut le bien de quelqu'un, on ne le lui souhaitera pas pour lui-même, mais pour soi-même. Or tout comme l'amitié, la bienveillance, semble-t-il, ne s'adresse pas à celui-là même qui l'éprouve, mais à celui pour lequel on l'éprouve. D'autre part, si elle avait sa place dans l'amitié qui a pour objet l'agrément, on aurait aussi de la bienveillance pour les êtres inanimés. On voit par conséquent que c'est l'amitié morale que concerne la bienveillance.

Mais l'homme bienveillant se borne proprement à faire des souhaits, tandis que l'ami a en propre d'exécuter aussi ce qu'il souhaite. La bienveillance, en effet, est un début d'amitié, car si tout ami est bienveillant, tout homme bienveillant n'est pas un ami : il a en effet l'allure d'un débutant s'il se borne à la bienveillance. Aussi bien celle-ci est-elle un début d'amitié, et non de l'amitié[65].

[Lacune probable] L'opinion veut en effet que les amis soient d'avis concordants et que les gens du même avis soient des amis. Cependant, la concorde amicale ne porte pas sur tout, mais sur cela que peuvent exécuter les personnes de même avis et qui contribue à leur vie commune[66]. De plus, elle ne se borne pas à un accord de pensée ou à un accord de désir. On peut en effet penser des choses contraires à l'appétit, comme on le voit

chez l'incontinent, que caractérise cette discordance. Or la concorde exige une entente sur le plan de la décision et sur le plan de l'appétit. D'autre part, c'est entre les hommes de bien que la concorde règne. En tout cas, les méchants, qui décident exactement ce dont ils ont l'appétit, se nuisent mutuellement[67]. Certes, il peut sembler que la concorde ne s'entende pas d'une seule façon, pas plus que l'amitié, mais celle qui vient en premier est aussi naturellement vertueuse. C'est pourquoi elle est exclue chez les méchants, et c'est une autre forme qui permet de dire qu'elle existe aussi entre les méchants, lorsque leur décision et leur appétit ont les mêmes objets. Ils doivent toutefois s'arranger, ayant les mêmes désirs, de manière à pouvoir disposer l'un et l'autre de ce qu'ils désirent, car si leur désir porte sur quelque chose qu'ils ne peuvent avoir tous les deux, ils se querellent ; or s'il y a concorde entre des personnes, elles ne peuvent se quereller.

D'autre part, la concorde existe quand, pour décider qui commande et qui est commandé, les deux partis font le même choix, non de placer au pouvoir l'un ou l'autre des deux, mais d'y placer le même tiers. C'est-à-dire que la concorde est l'amitié entre concitoyens.

[VII, 8] Donc, assez parlé de concorde et de bienveillance ! La question se pose par ailleurs de savoir pourquoi les bienfaiteurs ont plus d'amour pour leurs obligés que les obligés pour leurs bienfaiteurs, alors que, selon l'opinion, la justice voudrait que ce soit le contraire.

Mais si c'est le cas, pensera-t-on, c'est que l'intérêt et le profit du bienfaiteur en sont la cause ! C'est en effet envers lui qu'il y a dette, alors que l'obligé doit rembourser[68]. Ce n'est pas toutefois la seule explication, et il existe aussi une explication naturelle. C'est que l'activité est chose plus appréciable que son produit *[1241 b]* et elle a la même raison d'être que l'œuvre qu'elle produit. Or celui qu'oblige un bienfait est en quelque sorte l'œuvre du bienfaiteur. C'est pourquoi, même chez les animaux, il y a autour des enfants cet empressement à tout à la fois les engendrer et les conserver en vie quand ils sont nés. Dès lors les pères *[5]* (et plus encore les mères que les pères) donnent à leurs enfants plus d'amour qu'ils n'en reçoivent ; et ces derniers, à leur tour, aiment plus leurs propres enfants que leurs parents, du fait que l'activité vaut mieux que tout. Et si les mères ont plus d'amour que les pères, c'est qu'elles croient que les enfants sont plutôt leur œuvre à elles. L'ampleur d'une œuvre, en effet, se détermine à sa difficulté ; or celui qui souffre le plus pour donner naissance, c'est la mère.

Amitié, justice et associations.

[VII, 9] *[10]* Et voilà le genre de précisions qu'il s'imposait de donner sur l'amitié, celle qu'on se voue à soi-même et celle qui existe entre plusieurs partenaires.

D'autre part, l'opinion tient à la fois que le juste est quelque chose d'égal et que l'amitié suppose l'égalité si l'on ne proclame pas en vain : *Égalité vaut amitié !* Or les régimes politiques sont tous une forme d'institution qui se veut juste, car chacun est une manière de vivre en commun, et toute communauté est instituée par le moyen de la justice. Par conséquent, à toutes les formes d'amitié correspondent des formes de justice et de communauté, chacune de celles-ci et chacune de celles-là sont voisines et leurs traits distinctifs se rapprochent.

En revanche, dès lors que la relation de l'âme au corps ou de l'artisan à son outil est la même que celle du maître à l'esclave, ceux-ci ne forment pas de communauté. Car il n'y a pas là deux partenaires, mais un seul individu et ce qui lui est assigné, et l'on ne peut distinguer le bien de chacun des deux ; au contraire, le bien des deux à la fois est celui du seul individu en vue de qui existe la relation. Le corps est en effet un outil avec lequel on naît, et l'esclave appartient au maître comme un membre et un outil séparé, alors que l'outil est comme un esclave inanimé.

Quant aux autres communautés, elles font partie des communautés que rassemble la cité ; c'est le cas, par exemple, des phratries, des confréries ou des associations d'affaires.

Les formes de régime politique, pour leur part, se retrouvent toutes entre membres de la famille, tant les formes correctes que les déviations (car ce qui est vrai des espèces d'harmonie l'est aussi dans le cas des régimes politiques) : à la forme royale correspond le gouvernement paternel, à la forme aristocratique, l'union entre mari et femme, et à la forme républicaine, celle qui existe entre frères. Quant aux déviations, ce sont la tyrannie, l'oligarchie et la démocratie[69]. Les formes de justice sont dès lors aussi en même nombre. Mais puisque l'égalité est, tantôt numérique, tantôt proportionnelle, la justice aussi présentera ces espèces, de même que l'amitié et la communauté. En effet, c'est sur l'égalité numérique *[35]* que se fonde la communauté républicaine, ainsi que l'amitié entre compagnons, vu que c'est la même règle déterminante qui sert à les mesurer, tandis que c'est sur l'égalité proportionnelle que se fonde le régime aristocratique parfait, ainsi que le régime royal, vu que la justice se refuse à donner une part identique au supérieur et à l'inférieur et exige, au contraire, une part proportionnelle. L'amitié aussi, de son côté, a des exigences semblables quand elle unit un père et son fils. Et dans les associations, *[40]* elle fonctionne de la même façon.

[VII, 10] *[1242 a]* On parle donc d'amitié entre parents, entre compagnons, entre associés, et il y a l'amitié qu'on appelle politique.

Pour sa part, l'amitié entre parents présente des formes nombreuses[70], soit du genre de celle qui existe entre frères, soit du genre de celle qui existe entre un père et ses fils, car elle est, soit proportionnelle, comme l'amitié paternelle, soit numérique, *[5]* comme l'amitié des frères. Celle-ci se rapproche en effet de l'amitié entre compagnons, puisque, entre eux aussi, l'ancienneté est prise en compte.

De son côté, l'amitié politique est contractée en fonction de l'utilité avant tout. C'est en effet parce qu'on ne se suffit pas à soi-même qu'on s'est rassemblé, dit l'opinion, puisque, sinon, l'on se serait réuni pour simplement vivre ensemble[71]. Il n'y a cependant que l'amitié républicaine, ainsi que sa déviation, à n'être pas uniquement de l'amitié, mais encore une forme de partage entre amis, alors que les autres sont fonction d'une supériorité. D'autre part, la justice par excellence est celle que comporte l'amitié entre personnes utiles, vu que là, elle constitue la justice entre concitoyens. — Leur réunion n'a en effet rien à voir avec celle de la scie et de l'art, qui ne vise pas quelque chose à partager (puisqu'ils sont dans le rapport de l'outil et de l'âme mais ne sont associés qu'aux fins de l'utilisateur)[72]. Et c'est à l'occasion que l'outil également reçoit le soin qu'il réclame en toute justice pour être fonctionnel, puisqu'il n'existe que pour cela et qu'être une foreuse, sans doute, signifie deux choses, mais c'est principalement l'acte qui consiste à forer[73], et l'outil est le genre de chose qui comprend le corps et l'esclave, comme on l'a dit auparavant.

Dès lors, chercher comment on doit se comporter avec un ami, c'est rechercher une forme particulière de justice. De façon générale, en effet, tout ce qui est juste a rapport à un ami, puisque la justice s'applique toujours à certaines personnes, qui partagent quelque chose, et que l'ami partage, tantôt la race, tantôt la vie d'autrui. L'homme n'est pas en effet un animal fait seulement pour la cité, mais aussi pour la vie familiale, et à la différence des autres animaux qui s'accouplent un moment, au hasard, avec quelque femelle ou mâle, lui, dans le privé, n'est pas un solitaire. L'homme, au contraire, est un animal fait pour entrer en communauté avec ceux qui sont naturellement de sa race. Et qui dit communauté, bien sûr, dit aussi forme particulière de justice, même s'il ne s'agit pas de cité. Un lien de famille, du reste, est un lien d'amitié.

Ainsi donc, la relation du maître et de l'esclave est exactement celle de l'art et de ses outils ou de l'âme et du corps, et les relations de ce genre ne sont ni des relations d'amitié, ni des relations de justice, mais seulement quelque chose d'analogue, exactement comme ce qui est sain est, non pas juste, mais l'analogue du juste[74]. Entre une femme et son époux, en revanche, s'instaure une amitié, d'ordre utilitaire, ainsi qu'une communauté. De son côté, l'amitié entre un père et son fils est identique à celle du dieu envers l'homme, du bienfaiteur envers son obligé ou, plus généralement, du commandant naturel envers celui qui, par nature, est commandé. Quant à l'amitié des frères entre eux, c'est celle de compagnons avant tout, qui se fonde sur l'égalité.

Mais non, je ne fus point dénoncé comme bâtard
et tous deux nous réclamons d'un même père,
Zeus, qui me commande[75].

Voilà en effet ce qu'on entend dire quand des personnes cherchent l'égalité. C'est par conséquent dans la famille *[1242 b]* d'abord qu'on trouve l'origine et la source de l'amitié, du régime politique et de la justice.

D'autre part, on a vu qu'il existe trois formes d'amitié que fondent, respectivement, la vertu, l'utile ou l'agréable, et que chacune d'elles présente deux espèces, puisque chacune d'elles implique, soit la supériorité d'un partenaire, soit l'égalité ; *[5]* or la justice dans les rapports les concernant, se laisse voir clairement à la lumière des contestations auxquelles les amitiés ont donné lieu. Ainsi, là où il y a supériorité, on estime juste ce qui est proportionnel. Mais les partenaires ne l'invoquent pas de la même manière. Au contraire, le supérieur réclame ce qui est inversement proportionnel ; à son estime, autant il se distingue, lui, de l'inférieur, autant ce qu'il est en droit d'attendre de l'inférieur doit surpasser ce que celui-ci peut attendre de lui, puisqu'il est dans la disposition *[10]* du commandant par rapport au commandé. Et, à défaut, il exige l'égalité numérique. En effet, dans les autres associations, c'est bel et bien ce qui se passe aussi : la part qu'on y reçoit est en effet, tantôt numériquement, tantôt proportionnellement égale. Si par exemple l'on a contribué pour une somme d'argent numériquement égale, on retire aussi un bénéfice numériquement égal, ou *[15]* sinon, le bénéfice est proportionnel. Mais l'inférieur, lui, réclame ce qui est inversement proportionnel en sens contraire et relie ce qui est diamétralement opposé. Il apparaîtra, cependant, que de cette façon, le supérieur devient l'inférieur et que l'amitié ainsi que l'association se muent en service obligatoire. On doit donc prendre un autre moyen pour rétablir l'égalité et faire qu'elle soit proportionnelle. Or ce moyen, c'est l'honneur, cela même qui est l'apanage du commandant naturel et du dieu, relativement au commandé. Toutefois, le profit de ce dernier doit être calculé à l'égal de l'honneur mérité par son supérieur[76].

Pour sa part, l'amitié égalitaire est celle qui existe entre concitoyens. Or celle-ci se fonde sur l'utilité. Autrement dit, les concitoyens eux-mêmes sont amis à la manière dont les cités sont amies l'une de l'autre. Et de la même façon que *Les Athéniens ne cherchent plus à connaître les Mégariens*[77], pareillement, les citoyens ne se reconnaissent plus quand ils sont inutiles les uns aux autres, mais que l'amitié est affaire de contrat passé de main à main.

D'autre part, la distinction du commandant et du commandé ne correspond ici, ni à celle qu'établit la nature, ni à celle qu'illustre la royauté, mais repose sur l'alternance[78]. Et elle n'a pas pour fin d'obtenir d'un bienfaiteur le genre d'avantages que procure le dieu, mais de mettre à égalité le bénéfice obtenu et le service obligatoire. L'amitié entre concitoyens se veut dès lors égalitaire.

Or, l'amitié utilitaire comporte deux formes, l'une légale, l'autre morale, et entre concitoyens, elle prend en considération leur égalité et l'affaire en cause, comme font les vendeurs et les acheteurs. Aussi dit-on : *À l'ami son salaire*[79] *!* Ainsi donc, lorsqu'elle repose sur un accord stipulé, cette amitié qui unit les concitoyens est aussi légale[80] ; mais lorsque les partenaires s'en remettent à eux-mêmes, elle se veut amitié morale, c'est-à-dire du type qui existe entre compagnons. C'est pourquoi s'il y a plainte, c'est surtout dans ce dernier cas. Et le motif en est qu'elle va contre nature. Ce sont en effet deux choses différentes que l'amitié utilitaire et l'amitié vertueuse ; or les partenaires *[40]* souhaitent ici avoir les deux ensemble et, bien que leur commerce ait pour objectif ce qui leur est utile, *[1243 a]* ils en font une relation morale comme les honnêtes gens, et dès lors, sous prétexte qu'ils se font confiance, ils renoncent à rendre leur amitié légale.

Généralement, des trois formes d'amitié c'est en effet l'amitié utile qui comporte le plus de plaintes, car la vertu ne se prête pas aux récriminations, et les amis qui se plaisent se quittent avec ce qu'ils ont après s'être donné du plaisir. Quant aux personnes utiles, *[5]* elles ne se séparent pas à la première occasion si leur conduite, faute de s'appuyer sur la loi, est aussi celle de compagnons. Et pourtant, l'amitié utile, quand elle est couverte par la loi, ne donne pas motif de se plaindre, et quand elle est prévue par la loi, la rupture s'opère à prix d'argent, vu que c'est lui qui mesure l'égalité[81], alors que la rupture d'une amitié morale est affaire de bonne volonté. C'est pourquoi, dans certains endroits, une loi interdit à ceux qui ont ce commerce amical des procédures judiciaires pour les *[10]* engagements qui reposent sur la bonne volonté. À juste titre, car entre hommes de bien, il n'y a naturellement pas de procès ; or les intéressés passent contrat comme personnes de bien et de confiance. Au reste, dans cette amitié-là, les plaintes qu'on s'adresse sont contestables de deux côtés : comment se plaindre, d'un côté ou de l'autre, quand on s'est fait moralement confiance sans recours à la loi ?

Dès lors se pose aussi la question de savoir comment l'on doit s'y prendre pour juger ce qui est juste. Est-ce en considérant objectivement l'ampleur du service rendu ? Ou bien d'après ce qu'il représentait pour le bénéficiaire ? Car il se peut qu'on argumente, comme le fait Théognis : *Pour toi, déesse, c'est un jeu, mais pour moi, c'est beaucoup !* Mais il se peut aussi qu'on serve l'argument contraire, comme dans le dicton : *Pour toi, c'est un jeu, mais pour moi, c'est la mort*[82] *!* Or c'est de là que proviennent les plaintes. L'un croit juste en effet d'être payé en retour à la hauteur du service rendu, parce qu'il a satisfait à une demande ou pour quelque autre chose semblable, en alléguant tout ce qu'il a pu faire au profit de l'autre, mais sans dire le peu que cela lui a coûté. L'autre, au contraire, fait état du peu que cela coûtait au premier, sans dire combien il en a lui-même tiré profit. Et il arrive encore qu'on change de position pour encore contester. L'un dira en effet le maigre profit qu'il a retiré, l'autre, les grands moyens qu'il a pu déployer. Par exemple, si l'un s'est exposé au danger pour procurer ce qui vaut une drachme, il insistera sur la grandeur du danger, et l'autre, sur le peu d'importance de cet argent, comme cela se fait lors de la restitution des prêts monétaires. Car, en l'occurrence, c'est là-dessus *[30]* que porte la contestation, l'un estimant devoir rembourser à la valeur d'autrefois, l'autre exigeant la valeur d'aujourd'hui, s'il n'y a pas eu d'entente préalable.

Ainsi donc ce que l'amitié entre concitoyens prend en considération, c'est l'accord stipulé et son objet, tandis que l'amitié morale considère la résolution prise, si bien que cela permet plus de justice, et c'est cela qui fait de la justice une vertu entre amis. Quant au motif des querelles, il vient du fait que si *[35]* l'amitié morale est la plus belle, la plus nécessaire, en revanche, c'est l'amitié utile ; or les intéressés, au départ, se donnent l'air de nouer une amitié morale et d'être motivés par la vertu, mais quand ils se heurtent à quelque intérêt privé, il devient évident qu'ils étaient amis pour l'autre raison ! Car la poursuite du beau tient du superflu chez le grand nombre, et par conséquent, *[1243 b]* celle de l'amitié la plus belle aussi.

En sorte qu'on voit comment il faut distinguer dans ces cas-là. Si, en effet, les amis entretiennent une amitié morale, il leur faut considérer leur résolution[83], voir si elle est également partagée et ne faire valoir aucune obligation supplémentaire l'un auprès de l'autre. En revanche, s'ils sont amis à titre de partenaires utiles et de concitoyens, il leur faut voir quels avantages leur eût procurés un accord stipulé. *[5]* Enfin, si l'un se réclame de cette amitié-ci et l'autre, de celle-là, il leur faut se dire qu'il n'est pas beau, quand on doit payer en retour, de s'en tirer avec de beaux discours, et pareillement pour l'autre. Dans ces conditions, puisque les partenaires, s'engageant moralement, n'ont pas pris d'entente préalable, ils ont besoin d'un tiers pour juger, et ni l'un ni l'autre ne doit recourir à de faux-semblants pour l'abuser[84] ; chacun, par conséquent, doit se contenter de son sort.

D'autre part, que l'amitié morale se fonde sur la résolution, c'est évident, car même si un ami qui a bénéficié de grandes largesses ne rend pas la pareille par incapacité, mais selon ses moyens, c'est parfait : le dieu aussi agrée, quand ils sont selon notre capacité, les sacrifices qu'il reçoit[85]. Au contraire le vendeur, lui, ne sera pas satisfait si l'on prétend ne pouvoir donner plus ; et le créancier ne le sera pas non plus.

Beaucoup de plaintes apparaissent dans les amitiés quand les partenaires ne se situent pas dans la même perspective. Et la justice est alors malaisée à voir, car il est difficile de proposer ici une seule unité de mesure pour apprécier ce qui n'est pas dans la même perspective, comme c'est le cas dans les relations amoureuses. L'un en effet y poursuit la compagnie de l'autre parce qu'il le trouve agréable, jusqu'à vouloir vivre avec lui, alors que celui-ci, parfois, recherche le premier pour son utilité. Or quand cesse le désir amoureux, parce que l'un change, l'autre change aussi, et à ce moment-là, ils se mettent à calculer : quoi donner en échange de quoi ? C'est précisément le genre de différend qu'avaient Python et Pamménès[86] ou, en général, celui qu'ont le maître et son disciple (car la science et l'argent n'ont pas la même unité de mesure), et celui du médecin Prodicos avec le malade qui lui versait chichement son salaire, ou celui du citharède et du roi : ils se fréquentaient en effet, l'un, parce que c'était agréable, *[25]* mais l'autre, parce que c'était utile, et quand le roi dut payer, il se présenta lui-même comme une personne agréable et prétendit que, tout comme l'autre l'avait réjoui en chantant, lui aussi l'avait fait en promettant de l'écouter[87].

Et pourtant, l'on peut voir, ici aussi, comment il faut se faire un jugement. Il faut prendre, ici aussi, une seule unité de mesure, pas celle que fournit un terme déterminé cependant, mais celle que fournit le rapport entre les termes : il faut prendre en effet pour mesure ce qui est proportionnel, *[30]* exactement comme pour mesurer le partage entre concitoyens. Comment en effet peut-on partager avec un paysan lorsqu'on est cordonnier, sauf à établir l'égalité proportionnelle de leurs travaux ? Or pour ceux qui ne se situent pas dans la même perspective, c'est la proportion qui fournit la mesure. Par exemple, si l'un se plaint d'avoir donné la sagesse alors que l'autre lui a versé de l'argent, il faut évaluer la sagesse par rapport à la richesse, puis voir ce qui a été donné relativement *[35]* à chacun des deux termes du rapport. En effet, si l'un a donné la moitié du terme le plus petit, mais l'autre, pas même la plus petite fraction du terme le plus grand, il est évident que c'est celui-ci qui commet une injustice. Mais ici encore, il peut y avoir contestation au départ, si l'un prétend avoir voulu un commerce entre personnes utiles et l'autre, au contraire, avoir cherché quelque autre amitié.

[VII, 11] *[1244 a]* Pour sa part, le cas de l'homme de bien, qui serait aussi notre ami en raison de sa vertu, soulève la question de savoir si c'est au premier, à l'homme de bien, qu'on doit services et secours quand ils sont utiles, ou bien à l'ami qui nous rend nos bienfaits et est capable de nous secourir. Le problème revient à savoir d'ailleurs si c'est l'ami ou plutôt l'homme vertueux que l'on doit obliger.

Dans l'hypothèse en effet où *[5]* un ami est aussi vertueux, sans doute la difficulté n'est pas trop grande, pourvu qu'en magnifiant l'un, on n'abaisse pas l'autre, et qu'en donnant du poids à l'ami l'on ne prenne pas l'honnête homme à la légère. Dans l'hypothèse contraire en revanche, beaucoup de problèmes surgissent : c'est le cas par exemple quand l'un, ami de longue date, ne le sera plus à l'avenir, tandis qu'un autre le sera, mais ne l'est pas encore ; ou bien quand l'un l'a été, mais ne l'est plus, tandis que l'autre l'est, mais ne l'était pas dans le passé et ne le sera plus dans l'avenir. Mais *[10]* le premier problème est le plus laborieux.

N'y a-t-il pas en effet du sens à distinguer comme dans les vers d'Euripide :

Tu emporterais en paroles le juste salaire de tes paroles,
Mais lui sera gratifié dans les faits, car il s'est montré bon dans les faits[88] ?

De même, l'on ne doit pas réserver tout à son père ; au contraire, l'on a aussi des devoirs envers sa mère, bien que le père soit le supérieur. On n'offre pas en effet non plus à Zeus tous les sacrifices et il ne détient pas tous les honneurs, mais certains seulement. Peut-être donc y a-t-il des devoirs envers l'ami utile et d'autres envers l'homme de bien. Par exemple, ce n'est pas parce qu'une personne fournit le pain et le nécessaire que l'on doit encore partager sa vie avec elle, et celui qui partage notre vie ne réclame pas pour autant ce que lui-même ne donne pas, mais que fournit un ami utile. Que dis-je ? Ceux qui le font sans nul besoin, en donnant tout à celui dont ils sont amoureux, n'ont pas une once de dignité.

De plus, les traits distinctifs qui entrent dans les définitions de l'amitié sont tous, d'une certaine façon, significatifs de l'amitié, mais pas tous de la même amitié. En effet, s'il est vrai de l'ami utile qu'on souhaite ce qui est bon pour lui, cela vaut aussi pour le bienfaiteur et, dès lors, pour l'ami quel qu'il soit, car cette définition de l'amitié n'est pas particulièrement significative. Pour un autre ami, le trait distinctif de l'amitié qu'on lui voue sera d'ailleurs de lui souhaiter de vivre et, pour un autre encore, de vivre avec lui ou, s'il s'agit de l'ami par agrément, de partager ses souffrances et ses joies. Or si toutes ces définitions, dans leurs énoncés, sont fonction d'une certaine amitié, aucune, en revanche, ne se rapporte qu'à une seule. C'est pourquoi elles sont multiples, et bien que chacune semble celle d'une seule et même amitié, en réalité, il n'en est rien, comme on le voit si on choisit de prendre pour critère le souhait que vive son ami : l'ami en position de supériorité et qui a été un bienfaiteur souhaite en effet l'existence à l'inférieur, qui est son propre ouvrage, et s'il lui a donné l'existence, il a droit aussi de recevoir *[30]* en retour, mais ce n'est pas avec lui que son enfant souhaite vivre, c'est au contraire avec celui qui lui donne du plaisir.

Les amis sont injustes l'un envers l'autre, en certains cas, parce qu'ils aiment les choses de préférence aux personnes qui les possèdent[89], raison pour laquelle ils aiment aussi les personnes dans ce cas-là : c'est comme de prendre le vin, parce qu'il est agréable, avec l'argent du vin, parce qu'il est utile, car un ami riche est plus utile encore. C'est pourquoi, dans ces conditions, l'ami s'offusque comme si *[35]* l'on avait troqué le plus précieux pour le moins, mais les autres se récrient, parce que maintenant, ils recherchent en lui l'homme de bien, disent-ils, alors qu'auparavant, ils recherchaient la personne agréable ou l'utile.

Amitié et autosuffisance.

[VII, 12] *[1244 b]* D'autre part, il faut aussi considérer le rapport entre autosuffisance et amitié : comment peuvent-elles s'accommoder l'une de l'autre ?

On peut en effet se demander si quelqu'un qui se suffirait totalement à lui-même peut avoir ou non un ami, dans l'hypothèse où c'est le besoin qui fait rechercher un ami. Est-ce qu'on ne doit pas plutôt repousser cette éventualité si l'homme de bien se suffit parfaitement à lui-même ? Car si, avec la vertu, l'homme est heureux, que peut-il avoir besoin d'amis ? Pas besoin en effet de personnes utiles pour qui se suffit à lui-même, ni de personnes qui l'égaient, ni de quelqu'un pour partager son existence, puisque lui se satisfait de sa propre compagnie.

C'est d'ailleurs tout à fait évident dans le cas du dieu, car il est clair que s'il n'a nul besoin qu'on ajoute à ce qu'il est, ce dernier n'aura pas non plus besoin d'ami, et pas question de lui prêter, à lui, ce dont il n'a jamais le moindre besoin. Par conséquent, l'homme qui est parfaitement heureux est aussi celui qui aura le moins besoin d'ami, sauf dans la mesure où il lui est impossible de se suffire à lui-même. Nécessairement, donc, très peu nombreux sont les amis de celui qui a une vie parfaite[90] et leur nombre peut toujours diminuer sans qu'il se soucie de les conserver, faisant au contraire peu de cas, non seulement des personnes utiles, mais encore de celles qu'il pourrait choisir pour partager sa vie.

Mais enfin, c'est précisément alors que l'on voit, semblerait-il, que l'ami n'est pas là pour rendre service, ni porter secours ni même quelqu'un qu'on aime pour sa vertu seulement, car c'est quand nous n'avons aucun besoin, qu'alors nous recherchons tous les personnes avec qui nous pourrons partager nos réjouissances et celles à qui nous pourrons faire du bien, plutôt que des personnes capables de nous en faire. Nous avons du reste meilleur jugement quand nous sommes indépendants que lorsque nous sommes dans le besoin, et c'est alors plus que jamais qu'il nous faut des amis dignes de partager notre vie.

Cependant, cette question réclame de voir si d'aventure, bien que juste d'un côté, l'argumentation n'est pas en train de nous faire oublier quelque chose, étant donné la comparaison. Or on peut le voir une fois qu'on a saisi ce qu'est la vie en tant qu'activité et qu'on la considère comme un fin. On voit alors que vivre, c'est percevoir et connaître[91]. Si bien que partager sa vie, c'est aussi partager ses perceptions et partager ses connaissances. Or c'est se percevoir et se connaître soi-même que chacun apprécie par-dessus tout. Et c'est pour cela que le désir de vivre est inné chez tout le monde. On doit en effet poser que vivre est une certaine activité de connaissance[92]. Si donc on coupe de son objet l'activité de connaître pour faire de celle-ci une chose par elle-même, et sans lien avec soi (et justement, c'est ce qui échappe dans l'argument tel qu'esquissé, mais, dans les faits, c'est impossible), alors peu importe : aussi bien connaître autrui que soi-même, et autant qu'autrui vive à notre place ! Mais il y a de bonnes raisons de penser que le sentiment et la conscience de soi-même sont préférables. On doit en effet poser ensemble dans notre argument que la vie est appréciable et que le bien l'est aussi, puis en inférer que c'est pour le même sujet que les deux doivent avoir *[1245 a]* ce genre de nature. Si donc de deux séries de termes parallèles comme celles-là, l'une est toujours de l'ordre de l'appréciable, ce qui est connaissable ou perceptible, d'une façon générale, le sera du fait qu'il partage la nature du déterminé. De sorte que vouloir se percevoir soi-même, c'est vouloir être soi-même de telle qualité déterminée. *[5]* Puis donc que nous ne sommes pas de nous-mêmes l'un de ces êtres particuliers, mais que nous le sommes par l'obtention des capacités immanentes à la perception et à la connaissance — en percevant, on devient en effet perceptible soi-même de ce point de vue et sous ce rapport-là[93] : en percevant d'abord et avant tout, on se perçoit en tant que tel et sous ce rapport ; et l'on devient connaissable en connaissant[94] — c'est par conséquent pour cela qu'on souhaite aussi toujours vivre, parce qu'on *[10]* souhaite toujours connaître et ce, parce qu'on veut soi-même être l'objet de sa connaissance.

Choisir de partager sa vie peut dès lors paraître, d'un certain point de vue, une stupidité. Dans le cas d'abord des activités ordinaires et qui nous sont communes avec les autres animaux, comme partager le manger et le boire, qu'importe en effet qu'on le fasse en se côtoyant ou séparément, si l'on fait abstraction de la parole ? *[15]* Que dis-je ! Même échanger des paroles avec le tout-venant est un autre exemple de niaiserie. Quant à envisager d'être ensemble pour s'instruire et apprendre, c'est impossible entre amis qui se suffisent chacun à eux-mêmes, car si l'on apprend, c'est qu'on n'est pas soi-même dans l'état d'autosuffisance exigé, et si l'on enseigne, c'est son ami qui ne l'est pas ; or c'est la ressemblance qui fait l'amitié !

Mais enfin, l'évidence s'impose malgré tout, et nous avons tous plus de plaisir à partager nos biens avec nos *[20]* amis, chacun de ces biens dans la mesure où ils s'y prêtent, et en particulier, le meilleur à notre portée, quoique, pour l'un, ce soit le plaisir du corps, pour l'autre, une activité de type musical[95], pour un autre encore, la philosophie. Autrement dit, la compagnie de son ami est un besoin. C'est pourquoi l'on prétend qu'il est *douloureux d'avoir ses amis au loin*. Par conséquent, l'on ne doit pas se séparer l'un de l'autre quand il arrive d'être amis. De là vient précisément que la passion amoureuse *[25]* paraît une chose semblable à l'amitié, car ce que désire l'amant, c'est partager la vie de son partenaire, sauf qu'il le désire, non sur le plan qu'il faudrait avant tout[96], mais sur le plan sensuel.

Pourtant, l'on a beau avancer ces arguments dans le débat sur la question, en réalité, on en arrive manifestement à constater que ce débat nous induit de quelque façon en erreur. Il faut, pour voir la vérité, partir de ceci. Le souhait de l'ami, *[30]* comme dit le proverbe, est en effet d'être, pour son partenaire, *un autre Héraclès*, « un autre soi-même ». Or il est écartelé, et il lui est difficile d'arriver à réunir toutes ses affinités sur la tête d'un seul individu. Au lieu de cela, son ami naturel est celui qui lui est le plus apparenté, mais corporellement, c'est un autre qui lui ressemble, et un autre encore du point de vue psychique ; selon des points de vue plus particuliers encore, c'est chaque fois un individu différent. Mais il n'en reste pas moins que le souhait *[35]* d'être une sorte de soi-même distinct est celui de l'ami. Donc, percevoir son ami, c'est nécessairement se percevoir soi-même d'une certaine façon et se connaître soi-même d'une certaine manière[97]. Par conséquent, même partager ses plaisirs grossiers en vivant avec son ami peut être agréable. C'est parfaitement logique, puisque à l'occasion, l'on a toujours, dans le même temps, un sentiment de soi-même. Or à plus forte raison, quand il s'agit de partager ses plaisirs plus divins[98]. Et le motif en est qu'il est toujours *[1245 b]* plus agréable de se voir soi-même impliqué dans un bien supérieur, lequel peut être, tantôt une affection, tantôt une action[99], tantôt quelque chose d'autre. Et s'il s'agit d'être heureux dans la vie, aussi bien pour soi que pour son ami, et de partager ses activités dans une vie commune, ce partage fait partie des agréments dont on fait une fin, plus que tout le reste à coup sûr. C'est pourquoi il est si plaisant de partager un spectacle *[5]* et une fête. Ce n'est pas en effet pour se nourrir et obtenir le nécessaire que, semble-t-il, de telles réunions ont lieu ; ce sont au contraire des réjouissances. Mais chacun, bien sûr, poursuit la fin dont il est capable, et c'est elle qu'il souhaite partager dans la vie. Sinon, les gens désirent surtout à la fois obliger leurs amis et être obligés par eux.

Cependant, s'il est clair *[10]* qu'on a besoin aussi

de partager sa vie, que tout le monde le souhaite par-dessus tout et que l'homme le plus heureux et le plus parfait est le premier dans ce cas, de son côté, l'argument rationnel, au départ, refusait cette évidence, et il avait, pour cela, une bonne raison, vu qu'il avançait des choses vraies. En fait, puisque la comparaison avancée par cet argument est vraie, c'est la synthèse qui permet la solution.

Vu que le dieu n'est pas tel qu'il devrait avoir besoin d'ami, on estime en effet que son semblable devrait être aussi dans le même cas. Toutefois, selon cet argument, le vertueux devrait ne rien penser du tout ! Car ce n'est pas en pensant quelque chose que le dieu est heureux : il est au contraire d'une perfection trop haute pour avoir à penser quelque chose en dehors de lui-même. Et le motif en est que, pour nous, le bonheur est fonction d'autre chose que nous-mêmes, tandis que pour lui, c'est lui-même qui est son propre bonheur.

De plus, nous chercher et nous souhaiter de nombreux amis, mais dans le même temps déclarer que nul n'a d'ami s'il en a plusieurs, sont deux propos corrects. S'il est en effet possible de partager sa vie avec plusieurs en même temps et de partager avec eux ses sentiments, il est éminemment désirable de le faire avec le plus grand nombre qu'on peut. Mais dès lors que c'est très malaisé, c'est forcément avec un plus petit nombre que doit s'exercer l'activité qui permet de partager ses sentiments[100]. Si bien qu'il est difficile, non seulement d'en acquérir beaucoup, car ils ont besoin d'être éprouvés, mais encore d'avoir commerce avec eux quand on en a. Nous souhaitons même parfois que celui qu'on aime s'en aille au loin trouver le succès, mais d'autres fois, nous voulons participer aux mêmes entreprises, et le souhait d'être ensemble est une marque d'amitié. S'il est en effet possible d'être heureux ensemble, c'est ce que tout le monde choisit ; mais si c'est impossible, on fait alors comme *[30]* la mère d'Héraclès, qui eût préféré sans doute que son fils fût un dieu, plutôt que d'être, avec elle, le valet d'Eurysthée[101]. On peut en effet aussi tenir les propos du Lacédémonien railleur quand on l'invita, au milieu de la tempête, à invoquer les Dioscures[102].

D'autre part, selon l'opinion, il revient à celui qui aime d'épargner à son ami d'être mêlé à ses propres *[35]* difficultés, mais à celui qui est aimé de souhaiter y prendre part. Et chacune de ces deux attitudes est en l'occurrence parfaitement raisonnable. Pour l'ami, ce qui l'afflige n'est rien, en effet, comparé au plaisir de voir son ami, mais on doit, d'après l'opinion, s'abstenir de choisir son propre agrément. C'est pourquoi on empêche ses amis de prendre part à sa peine, car c'est assez d'être soi-même souffrant pour ne pas donner l'apparence de regarder ses intérêts *[1246 a]* en se procurant cette joie au prix de la peine de son ami et de chercher en plus le soulagement de n'être pas seul à supporter ses maux. D'autre part, dès lors qu'il est appréciable d'être heureux et d'être ensemble, mieux vaut, d'une certaine façon, être ensemble avec un bonheur moindre que séparés avec un bonheur supérieur. Mais voilà ! On ne voit pas jusqu'où peut avoir de l'importance le fait d'être ensemble ; du coup, les avis sont divergents, et certains croient que tout partager ensemble est une marque d'amitié, tout comme, dit-on, partager ensemble son dîner est plus agréable même si l'on a les mêmes choses à manger, alors que d'autres, assurément, s'y refusent, vu que pousser ce genre d'argument à l'extrême serait convenir que mieux vaut mal agir ensemble de toutes ses forces que mettre toutes ses forces à bien agir séparément.

Et c'est à peu près la même chose concernant les cas d'infortune. Parfois, en effet, nous souhaitons que nos amis ne soient pas à nos côtés dans ces cas-là et n'en souffrent pas, quand ils ne peuvent rien faire de plus ; mais parfois, leur présence est très agréable. Et l'existence de cette contradiction est encore tout à fait rationnelle. Ce qu'on a dit précédemment permet en effet de l'expliquer et aussi fait que voir son ami affligé ou en piètre état est un spectacle que nous fuyons dans l'absolu, comme nous repoussons l'image de nous-mêmes en pareilles conditions, mais la vue de l'ami est agréable, c'est l'une des choses qui l'est le plus pour le motif qu'on a mentionné, en particulier lorsque lui n'est pas malade si soi-même on l'est. Par conséquent, celui de ces deux agréments qui l'emporte fait pencher notre souhait en faveur de sa présence ou non. C'est même, semble-t-il, ce qui se produit dans le cas des pires individus, et pour le même motif. Leur principale ambition est en effet d'empêcher le succès de leurs amis et même leur existence si eux-mêmes sont dans le malheur. C'est pourquoi, quelquefois, ils entraînent dans la mort ceux dont ils sont épris, car sinon, le sentiment de leur propre malheur serait, croient-ils, plus profond, tout comme le souvenir *[25]* d'avoir été heureux jadis donne plus ce sentiment que l'idée qu'on aurait toujours traîné son malheur.

NOTES

Présentation de Richard Bodéüs.
Notes de Louise Rodrigue.

PRÉSENTATION

Les « Éthiques »[1]

En plus d'un opuscule intitulé *Des vertus et des vices*, sûrement apocryphe, nous sont parvenues, sous le nom d'Aristote, trois collections de problèmes éthiques ou, plutôt, trois versions d'un même ensemble de problèmes. Les trois portent en effet, en gros, sur les mêmes sujets, abordés à peu près dans le même ordre et répartis anciennement en plusieurs « livres » ou rouleaux d'écriture.

La plus courte, qui comprend deux livres, est paradoxalement reçue sous l'intitulé traditionnel de *Magna moralia* ou *Grande éthique*. On ne sait pas exactement pourquoi. La *Grande éthique* donne à lire des exposés très sommaires, pour ne pas dire schématiques, dans une langue qui n'est pas toujours, semble-t-il, celle que l'on observe dans les deux autres versions. Le document semble plutôt de la main d'un disciple anonyme, parmi les plus anciens, qui, gagné aux idées enseignées par le philosophe, se serait attaché à présenter celles-ci sous

1. Cette présentation reprend quelques pages de la Notice commune à l'*Éthique à Nicomaque* et à l'*Éthique à Eudème*, dans Aristote, *Œuvres*, éd. sous la direction de Richard Bodéüs, Gallimard, « Bibliothèque de la Pléiade », 2014, p. 1203 et suiv.

la forme d'un compendium. Chose certaine, la *Grande éthique* n'instruit pas sur la pensée d'Aristote avec les garanties qu'offrent les deux autres versions, beaucoup plus précises et détaillées.

Ces dernières ont été transmises, elles aussi, sous des intitulés énigmatiques. L'un et l'autre, en effet, annoncent des problèmes éthiques qu'ils rattachent, à l'aide de l'adjectif nominal correspondant, non pas au nom d'Aristote lui-même, mais à celui d'un certain Eudème, dans le premier cas, et à celui d'un certain Nicomaque, dans le second. L'usage en français, mais l'usage seulement, veut qu'on traduise *Éthique à Eudème* et *Éthique à Nicomaque*, comme si les personnages évoqués étaient, dans les deux cas, les destinataires du travail. L'hypothèse d'une dédicace est hautement improbable. On connaît, sous le nom d'Eudème, un disciple d'Aristote, originaire de Rhodes, et un prince de Chypre auquel le philosophe aurait, semble-t-il, adressé un ouvrage *Sur l'âme*, aujourd'hui perdu. On sait encore que Nicomaque était le nom du fils, après avoir été aussi celui du père de notre philosophe. Mais on ne peut expliquer sûrement ni pourquoi ni quand certains de ces personnages, s'il s'agit bien d'eux, ont servi à distinguer l'une de l'autre ces collections de textes similaires. Peut-être un disciple (Eudème) et, concurremment, son propre fils (Nicomaque) ont-ils eu quelque responsabilité dans le recueil de certains textes inédits d'Aristote et dans leur préparation en vue d'une première publication posthume. Mais ce genre de conjecture est indémontrable.

Les deux versions sont assez volumineuses. L'*Éthique à Eudème* s'étend traditionnellement sur huit livres, l'*Éthique à Nicomaque,* sur dix. Mais, si l'on se fie à la traduction manuscrite qui nous a conservé ces documents, on constate cette singularité que les deux présentent exactement le même exposé dans la partie centrale. Autrement dit, les livres IV à VI de l'*Éthique à Eudème* sont identiques aux livres V à VII de l'*Éthique à Nicomaque.* Une partie seulement des problèmes éthiques est donc traitée formellement de façon différente d'une version à l'autre.

Le sentiment qui semble prévaloir de nos jours chez la

plupart des exégètes est que les différences observables d'une version à l'autre s'expliquent vraisemblablement d'une autre façon et, sans doute, en premier lieu, du fait qu'à l'origine, elles ont été élaborées en fonction de publics différents, qui avaient, chacun, leurs exigences propres. On comprend en effet parfaitement que selon le profil, plus ou moins intellectuel, des publics auxquels il s'adressait, le philosophe ait pu, sans fondamentalement changer ses positions, traiter des questions morales, tantôt d'une façon, tantôt d'une autre façon. À telle enseigne que les deux versions, loin d'être incompatibles, paraissent, au contraire, complémentaires et de nature à instruire le lecteur actuel en lui fournissant ainsi deux approches également possibles, au lieu d'une seule.

Il est difficile de décrire précisément les deux genres de publics, d'auditoire ou de destinataires auxquels, selon une interprétation maintenant dominante, paraît s'être adressé Aristote dans les exposés que réunissent, respectivement, l'*Éthique à Eudème* et l'*Éthique à Nicomaque*. Il semble en gros que la première suppose un public plus savant et donc plus restreint que celui de la seconde, en tout cas un public plus averti des problèmes et des exigences philosophiques que soulèvent les matières traitées. En effet, alors que l'*Éthique à Nicomaque* vise à atteindre, semble-t-il de façon assez large, les personnes bien éduquées que tente la vie politique, adopte, à leur intention, un style assez clair, présente des exposés d'allure plutôt descriptive, s'attarde volontiers aux détails dans la description, et récuse le besoin de trop de rigueur dans les démonstrations, l'*Éthique à Eudème*, en revanche, malgré un début littérairement soigné qui en facilite l'accès, paraît vouloir en appeler, plus spécialement, à des philosophes initiés. Elle argumente volontiers de façon serrée, procède de manière systématique, mais le plus souvent sans éprouver le besoin d'expliciter beaucoup, et donc, de façon parfois allusive, sinon obscure, comme si le destinataire était bien au fait des arguments. L'approche des questions morales est donc, ici, plutôt soucieuse de théorie, là, plutôt soucieuse d'action, pour laquelle le philosophe, à l'occasion, formule ses conseils. Bref, l'*Éthique à Eudème* et l'*Éthique à Nicomaque* offrent chacune leur propre éclairage sur un même ensemble de questions, mais ce sont des éclairages qui semblent se compléter mutuellement plus souvent qu'ils ne traduisent les hésitations du philosophe sur une position définitive à adopter.

Les différentes parties correspondent aux grands thèmes qu'affronte la pensée aristotélicienne dans l'une et l'autre *Éthique.* Elles sont mises en évidence dans le découpage de notre traduction, selon lequel se fait la numérotation des notes. La division traditionnelle en livres est elle aussi indiquée dans le texte, en plus petit[1], avec la pagination Bekker, pour permettre de repérer aisément les passages mentionnés dans les références.

Le projet fondamental

Ce projet peut être résumé, en termes d'aujourd'hui, de manière assez simple. Aristote entend d'abord trancher la question de savoir quel est, parmi les biens que l'homme poursuit, celui qui, sous le nom de bonheur, donne finalement sens à la vie humaine. Ce bien, argumente le philosophe, est l'activité dans laquelle l'être humain se trouve au mieux de lui-même, celle dont il fait preuve lorsqu'il atteint la perfection de ses capacités psychiques, sans plus rien attendre d'autre. Et comme lesdites perfections sont ce qu'Aristote appelle les vertus, il procède ensuite, comme à autant de précisions nécessaires, à une succession d'exposés touchant la vertu et tout ce qui s'y rattache, spécialement les vertus morales.

La simplicité du propos général, faut-il le dire ?, masque la diversité des analyses ou des questions particulières soulevées sur chaque sujet et formant autant de petits traités, consacrés à chacun d'eux.

Le projet s'inscrit par ailleurs, historiquement, dans une controverse notoire qui met aux prises trois conceptions de la vie, du moins chez ceux-là qui disposent déjà du néces-

1. Les divisions de chapitres apparaissent pour leur part dans le texte entre crochets.

saire : vaut-il mieux se consacrer à l'étude, comme l'estiment les philosophes, à l'action honorable, comme en jugent les hommes politiques, ou simplement au plaisir, comme on le pense plus communément ? La volonté d'Aristote, au fil de ses analyses, est moins, semble-t-il, de prendre résolument parti en faveur de l'une des trois options contre les deux autres, même s'il ne cache ni ses préférences ni ses aversions, que de montrer que les arguments qui soutiennent chacune d'elles, d'une certaine façon, ne s'excluent pas mutuellement, que le plaisir entre dans l'exercice de toutes les vertus et que l'exercice de la vertu, sous une forme ou sous une autre, constitue aussi bien la vie intellectuelle que la vie d'action. Sur ce dernier point en particulier, Aristote ne dissimule pas la supériorité qui lui semble devoir être reconnue à la vie du philosophe, mais, encore moins, sa conviction que la vie politique, en quête des honneurs attachés à la vertu, peut correspondre à une vie heureuse.

La thèse générale que défend Aristote est, en effet, que les multiples vertus du caractère, liées aux habitudes que favorise la loi, vont de pair avec une vertu intellectuelle *sui generis*, la sagacité (on disait autrefois la « prudence »), et que, par conséquent, l'activité du véritable politique, qui recherche les « belles actions », implique, elle aussi, une qualité intellectuelle, à l'instar des qualités supérieures que réclame l'existence méditative du philosophe. D'autre part, en expliquant que, par nature, le plaisir se trouve toujours attaché, comme une récompense, aux actes bien faits, il montre que cette même vie active du politique véritable, toujours à l'instar de la vie méditative du philosophe, implique nécessairement, elle aussi, une forme de plaisir, supérieure aux jouissances que comporte la simple activité sensuelle que, du reste, pareille existence inclut, avec l'exercice de la tempérance.

Le bonheur

Le bonheur dont parle Aristote n'est pas une sorte de satisfaction mesurable qui pourrait servir de principe à tout jugement moral, l'action bonne étant celle qui en procure le plus. Ce n'est pas non plus une norme universelle qui, à la manière d'un impératif, commande chaque action et la justifie ainsi en fonction d'une seule et même règle. Selon Aristote, qui reproduit en cela le sentiment de tous ses contemporains, le bonheur est la manière d'être la plus enviable qui soit, parce qu'elle nous rapproche des dieux. Il est dès lors, plus que tout le reste, ce à quoi chacun aspire et que doit d'ailleurs avoir en vue, ultimement, une politique soucieuse de pareille aspiration.

Identifiant, pour sa part, bonheur et bien suprême, Aristote n'entend donc pas ériger en principe universel une manière d'être permettant de savoir ce qui est bien par ailleurs, mais, au contraire, identifier en elle ce qui est finalement le seul bien en soi. Autrement dit, le bonheur n'est pas une règle morale. On n'est pas en quête du bonheur parce qu'il sert à définir, parmi tout le reste, ce qu'est un acte bon, mais le seul genre d'acte qu'on recherche parce qu'il est bon en soi et qu'en regard tout le reste n'est en définitive qu'un bien relatif.

Dans chacune des deux *Éthiques*, Aristote procède, notons-le, différemment. Mais sa démarche, dans le fond, revient exactement au même. L'*Éthique à Eudème* commence par de longues considérations sur le bonheur, pour montrer ensuite que celui-ci contient la notion d'un bien humain suprême qu'il s'agit de préciser. L'*Éthique à Nicomaque* procède à l'inverse, en offrant d'abord de brèves considérations sur le bien humain suprême, pour indiquer, ensuite, que celui-ci correspond à l'idée de bonheur. Si le philosophe en appelle à l'idée de bonheur, ici dans un second temps, là dans un premier temps, c'est parce qu'elle traduit l'aspiration universelle à ce qu'il y a de mieux pour l'homme et, à ce titre, fait l'objet de controverses. Et si, d'autre part, il fait appel à la notion de bien humain suprême, en un premier temps dans l'*Éthique à Nicomaque* et en un second temps dans l'*Éthique à Eudème*, c'est parce que celle-ci traduit la même aspiration et soulève les mêmes controverses, mais en termes moins communs et sans doute moins évidents que le terme de bonheur. Ce dernier ne permet donc en aucune façon de trancher la controverse portant sur l'identité du bien humain suprême, pas plus que la notion de bien humain suprême ne permet de répondre à la question de savoir ce qu'est le bonheur. C'est pourquoi, peu importe que l'on commence par l'évoquer d'une façon ou d'une autre : on s'inquiète toujours de la même chose et, dans les deux cas, il s'agit toujours de savoir, en définitive, ce qu'il y a de mieux pour l'homme.

Aristote a tôt fait d'établir que le genre d'acte recherché doit être d'ordre rationnel, sous peine de ravaler l'être humain au-dessous de sa condition, au lieu de l'élever à une condition presque divine. Et s'il précise que l'activité en question doit être, en outre, vertueuse, sans indiquer clairement de quelle vertu il s'agit, c'est seulement parce que la vertu d'un être, quel qu'il soit, est ce qui garantit que son opération propre est toujours exécutée de la bonne façon. Par où l'on voit que cette précision, qui paraît suffire à donner une définition du bonheur ou du bien humain suprême, laisse en suspens un grand nombre d'interrogations, désormais centrées sur la vertu ou les vertus proprement humaines.

Les formes d'amitié

Une longue étude sur l'amitié, entendue au sens très large, est jointe à tout ce qui précède, sans que rien ne l'appelle vraiment. La présente étude n'entend pas faire de l'amitié une vertu, même si elle insiste, chemin faisant, sur une forme d'amitié fondée sur la vertu. Dans l'*Éthique à Eudème*, le sujet est abordé après une introduction originale, où son intérêt ressort du fait que l'amitié constitue, pour certains, un bien précieux extérieur à la vertu ou encore un substitut qui dispense de la justice. C'est probablement pour cela qu'après avoir lui-même traité abondamment de la vertu et, en particulier, de la justice, Aristote a joint, *in fine*, pareille étude à ses questions morales.

Comme il importe de distinguer entre plusieurs formes d'amitié, Aristote propose d'abord de considérer, pour y voir clair, les sortes de choses qu'on dit aimables. Est-ce, en général, le semblable ou le dissemblable ? Ou plutôt, dans l'ordre proprement humain, l'agréable, l'utile ou le bon ? Aristote distingue alors trois formes d'amitié, selon qu'elles se fondent sur le plaisir, l'intérêt ou la vertu. Cette dernière, la plus stable des trois, doit surtout sa supériorité au fait qu'elle est la seule où chaque partenaire aime l'autre pour ce qu'il est, c'est-à-dire bon. Elle n'exclut d'ailleurs pas le plaisir et le secours mutuel entre partenaires. Dès lors, Aristote y insiste, elle autorise à dire aussi que les deux autres formes sont également de l'amitié, car les partenaires, comme dans l'amitié vertueuse, développent un sentiment d'amour réciproque et une véritable bienveillance.

À cette première distinction, Aristote en ajoute une autre selon que l'amitié réunit ou non des partenaires sur un pied d'égalité. La réciprocité de l'amour et des bons offices suppose, dans le premier cas, des échanges, eux aussi, égaux, mais non dans le second cas, vu que l'un des partenaires est alors plus aimable que l'autre, plus agréable, plus intéressant ou fondamentalement meilleur, c'est-à-dire d'une vertu supérieure. C'est au point que, parfois, l'amitié devient impossible, si l'écart entre partenaires devient trop grand. Et si elle reste possible, les échanges sont alors proportionnés à la situation des partenaires.

Une autre distinction encore consiste à mettre à part les formes d'amitié qui existent entre personnes apparentées. Ces formes-là, en somme naturelles, dérivent toutes, selon Aristote, de l'amitié paternelle ou maternelle, qui s'adresse à ce qui vient de soi-même, sans égard, en principe, pour ce qu'il peut avoir d'agréable, d'intéressant ou de vertueux. Entre ces formes d'amour qui se présentent au sein des familles et celles qui peuvent exister entre concitoyens – à l'instar de toutes celles qui s'instituent entre amis –, Aristote voit cependant des analogies, dès lors que la cité, comme la famille, forme une communauté. Par exemple, dans une cité gouvernée par un roi, la relation, très inégale, du roi avec ses sujets, dont il est le bienfaiteur, rappelle l'amour du père pour ses fils, alors que la relation, cette fois égale, entre concitoyens, dans une république, rappelle l'amour fraternel.

Mais, en définitive, ce ne sont là que des analogies. Elles

ne peuvent masquer le fait que la cité n'est pas une grande famille et que l'amitié politique, en général, est, en réalité, une forme d'amitié fondée sur l'intérêt, qui réunit des personnes plus ou moins inégales ou tenues pour égales, selon les cas. Si l'on peut espérer, entre concitoyens, une forme d'amitié qui ne se confond pas avec la justice, c'est alors, pense Aristote, sur la concorde qu'il faut compter. Cette amitié proprement politique est une communauté de vue ou d'opinion touchant le gouvernement de la cité. Mais elle dispense si peu de la justice qu'elle ne s'obtient, au contraire, qu'entre gens honnêtes, c'est-à-dire entre personnes qui cultivent déjà la justice.

À l'intérieur de la cité, il y a place pour d'autres associations, parfois institutionnalisées, et donc pour d'autres amitiés de toutes sortes, notamment entre gens d'affaires, mais pas exclusivement. Aristote cite volontiers l'amitié entre compagnons. Parlant de l'amitié entre gens d'affaires ou par intérêt, il distingue entre une amitié légale, qui suppose un contrat entre partenaires, et l'amitié morale, qui n'en suppose pas et rend difficile l'intervention de la justice pour régler les différends entre partenaires. Il n'est pas rare de voir surgir des différends, des querelles et des plaintes entre amis qui s'associent ou se recherchent pour l'agrément, entre amoureux en particulier. Seule l'amitié que suscite la vertu échappe à ces inconvénients et exclut jusqu'au soupçon d'injustice de la part de l'autre.

Aristote tâche de montrer par ailleurs que l'amitié de cette sorte découle, au fond, de l'amour que l'on a de soi-même. Car elle consiste à transférer sur autrui toutes les formes de préoccupation que l'on a de soi, en commençant par la plus élémentaire : on est attaché à la vie de son ami comme à la sienne propre. C'est pourquoi, insiste Aristote, un ami véritable se présente comme un autre soi-même.

Cette conviction entre en ligne de compte quand le philosophe tente d'expliquer pourquoi les hommes, même heureux, ont besoin d'amis. Ce besoin, lorsqu'on est apparemment comblé, n'est pas celui de bienfaiteurs utiles. Ce serait plutôt celui d'avoir des obligés, sur qui exercer sa bienfaisance, puisque l'on est vertueux, jusque dans ses relations avec autrui, au-delà de ce qu'exige la simple justice. Mais, comme l'ami vertueux est dans la même situation, c'est le besoin d'un autre soi-même qui, dans le fond, pousse ici à l'amitié. Étalant sous nos yeux l'image de nous-mêmes, l'ami nous permet ainsi de saisir notre bonheur mieux que ne le pourrait le sentiment de l'être si nous étions sans amis.

RICHARD BODÉÜS.

PRÉAMBULES

1. La déesse Léto est la mère d'Apollon, dieu auquel est dédié le sanctuaire de Délos, où un petit temple était aussi consacré à Léto.

2. L'*Éthique à Eudème* discute par exemple de l'idée platonicienne du bien en I, 8, dans le cadre de son investigation sur le bonheur.

3. Cinq éventualités sont ici successivement envisagées : le bonheur pourrait s'acquérir 1) par nature, 2) par science (il s'agit d'une possible évocation de la doctrine socratique de la vertu-science, mentionnée en I, 5, 1216 b 2 et suiv.), 3) par exercice, ou 4) par grâce divine. Cette hypothèse rapproche le bonheur, *eudaimôn*, du fait d'avoir un bon génie, *daimôn*. Le « démon », selon la tradition grecque, est un être intermédiaire entre la divinité et l'être humain. Ne possédant ni la perfection divine ni le statut de l'être humain, il passe pour assurer la liaison entre les deux. Le qualificatif *eudaimôn* s'attribue en commun à la divinité et à l'être humain, mais pas à l'animal (voir I, 7, 1217 a 22-28). 5) Enfin, le bonheur pourrait s'obtenir grâce à la bonne fortune (sur cette notion, voir VIII, 2, 1246 b 37 et suiv.). L'*Éthique à Nicomaque* (I, 10, 1099 b 9-11) considère quatre modes d'acquisition du bonheur : l'apprentissage, l'habitude ou l'exercice, la faveur divine et la fortune.

4. L'*Éthique à Nicomaque* (I, 9, 1098 b 22-30) précise qu'il s'agit d'opinions soit de la masse, soit d'un nombre restreint d'individus réputés ; comme elles ne peuvent pas

être totalement erronées, Aristote en fait les points de départ de son enquête.

5. Cette grande étourderie est le fait de l'âme naturellement servile, laquelle, guidée par l'attrait de l'immédiat et faute de pouvoir se fixer un but, agit d'instinct, sans délibérer ; voir II, 10, 1226 b 29-30 et *Politique*, I, 13, 1260 a 12.

6. La recherche considérera non les conditions de la vie en général, mais les conditions propres au bonheur, c'est-à-dire à la vie *parfaite*.

7. Ce qui les rapproche des intempérants ; voir III, 2, 1230 a 37-b 9 et *Éthique à Nicomaque*, I, 1, 1095 a 9.

8. Le grand nombre (*hoi polloi*) est ici pris en mauvaise part, en tant qu'il s'oppose à la minorité formée par les personnes vertueuses ou « honnêtes » (*spoudaioi*). Mais l'expression « grand nombre » est aussi utilisée dans un sens neutre pour désigner la normalité (voir, par exemple, II, 5, 1222 a 40 et III, 1, 1228 b 37).

9. Puisque le terme « bienheureux » convient plus particulièrement à l'état de la divinité, Aristote soutient cependant en *Métaphysique* (A, 2, 983 a 1-5) que la divinité ne saura être jalouse.

10. Au sens où le bonheur constitue le « bien suprême ».

11. Référence très générale ; il est impossible de déterminer exactement les personnes visées par Aristote.

12. Cette seconde hypothèse tient compte du fait que les qualités de l'âme ne sont que des puissances (voir *Éthique à Nicomaque*, I, 9, 1099 a 1-7), alors que le bonheur consiste dans un acte (voir ici II, 1, 1219 a 39).

13. La subordination de l'activité à la nécessité semble exclure le choix impliqué par toute vie heureuse (voir I, 2, 1214 b 7).

14. Voir I, 1, 1214 a 32-33.

15. Voir I, 1, 1214 b 1-5.

16. Penseur présocratique du Ve siècle, condamné pour impiété.

17. La servilité est associée au vice d'intempérance en III, 13, 1118 a 25 et en 1118 b 21.

18. Hérodote (*Histoire*, III, 28) décrit les caractéristiques

d'un taureau Apis. Divinité de la fertilité, Apis dispose d'un sanctuaire propre, où un harem sert à assurer son bien-être.

19. La vie estimable n'est pas celle de l'âme la plus commune, c'est-à-dire végétative (*De l'âme*, II, 4, 415 a 25 et 416 a 9). Le rapprochement entre la vie végétative et le sommeil tient au fait que ce dernier rend inopérantes les fonctions sensitive et rationnelle de l'âme, de sorte que le dormeur vit moins que le sujet éveillé.

20. Sardanapale (Assurbanipal), dont Hérodote (*Histoire*, II, 50) signale l'immense richesse, est légendaire pour sa luxure. La cité sicilienne de Sybaris est fameuse pour son luxe et pour la liberté de ses mœurs. Smindyride est mentionné par Hérodote (*ibid.*, VI, 127).

21. Les plaisirs corporels relevant de l'âme sensitive, appartiennent naturellement aux êtres humains en tant qu'ils sont d'abord des animaux. Ces plaisirs constituent le domaine de la vertu morale de tempérance (III, 2, 1231 a 36-38).

22. Aristote examine les différentes théories sur le plaisir dans la huitième partie, commune aux deux *Éthiques* : voir *Éthique à Nicomaque*, VII, 12-15 (1152 b 1 et suiv.).

23. Il s'agit bien du maître de Platon. Socrate le Jeune, quant à lui, socratique contemporain de Théétète, est mentionné par Aristote en *Métaphysique*, Z, 11, 1036 b 25.

24. Il s'agit du seul passage où Aristote envisage la politique comme une science productive et non exécutive ; de même que la médecine produit la santé, la politique produit des lois. Il pense en l'occurrence à la sagacité législative qui est la forme supérieure du savoir politique.

25. Les faits manifestes (*phainomena*) dont il s'agit sont les opinions communes tout autant que les faits observables.

26. La connaissance des causes est l'une des caractéristiques de la philosophie et de la science selon Aristote ; voir *Métaphysique*, A, 2, 982 a 10-14.

27. Sur la supériorité de l'homme d'art (ou de science) sur l'homme d'expérience, voir *ibid.*, A, 1, 981 a 1-b 5.

28. En *Métaphysique* (Γ, 4, 1006 a 6-9), Aristote définit

le manque d'éducation comme le fait de ne pas distinguer ce qui demande une démonstration de ce qui n'en demande pas.

29. Cette parenthèse tient compte des domaines où les faits ne sont pas toujours manifestes, celui par exemple du monde céleste, dont l'observation est difficile, ou celui de la biologie, dont les détails nous échappent. Aristote précise, dans *De la génération des animaux* (III, 10, 760 b 28), que si les faits sont connus de manière satisfaisante, il faut se fier aux observations plus qu'aux raisonnements.

30. Voir *Premiers Analytiques*, II, 2, 53 b 8-35 ; Aristote y signale la possibilité de déduire une conclusion vraie à partir de prémisses fausses (par exemple : un homme est une pierre, or une pierre est un animal, donc l'homme est un animal).

PREMIÈRE PARTIE

1. Sur la nature du bonheur ou plus précisément du plaisir du dieu, voir *Métaphysique*, Λ, 7, 1072 b 15-30, et *Éthique à Nicomaque*, X, 7, 1178 b 8-9 et 21-22.

2. L'être humain est heureux dans la mesure où, contrairement aux animaux, il possède du « divin » en lui (voir, ici, VIII, 2, 1248 a 27 ; *De l'âme*, I, 4, 408 b 29-30), ou fait preuve d'une activité qui ressemble à la méditation (*Éthique à Nicomaque*, X, 7, 1178 b 23).

3. Ces êtres immobiles, qui n'agissent ni ne produisent, correspondent à ce qu'Aristote dit des dieux ; *cf. Éthique à Nicomaque*, X, 7, 1178 b 20-21.

4. Il s'agit des astres, dont Aristote traite dans *Du ciel*, et dont la perfection est de l'ordre du mouvement.

5. Ces trois opinions sont, semble-t-il, énumérées en 1218 b 7-9 : le bien lui-même (la meilleure des choses) serait soit l'Idée du Bien, soit le bien attribuable en commun ou la fin de l'action humaine. La première opinion (platonicienne) est discutée de 1217 b 4 à 1218 a 38 ; la deuxième de 1218 a 38 à 1218 b 7 ; la troisième, qui est celle d'Aristote, de 1218 b 7 à 27.

6. Ces deux critères ne satisfont pas, semble-t-il, l'exigence du bonheur exprimée en 1217 a 40 selon laquelle la meilleure des choses, pour être bonheur, doit être à la portée de l'action humaine. Mais voir 1218 b 10-12.

7. Il faut en effet distinguer entre l'ordre logique, qui concerne les questions les plus universelles, lesquelles sont vides au sens de « formelles » ou privées de contenu, l'ordre physique qui porte sur des questions plus déterminées, et enfin l'ordre éthique, plus déterminé encore, qui concerne une partie des êtres naturels seulement. Ainsi, il est inapproprié de parler du bien humain du point de vue logique, universel, comme le font les platoniciens, car le discours reste au-dessus de ce qui est spécifiquement humain. Autrement dit, Aristote les accuse de confondre l'ordre logique et l'ordre éthique.

8. Les références (en particulier aux *exoterikoi logoi*) demeurent extrêmement controversées. Il pourrait s'agir d'œuvres qui ne sont pas d'Aristote, ou encore d'un de ses traités perdus, intitulé *De ideis*.

9. Puisque ni l'un ni l'autre ne constituent un genre (voir *Métaphysique*, B, 3, 998 b 22 et suiv.).

10. Le rejet d'une science générale du bien universel n'exclut pas la possibilité d'une science maîtresse du bien *humain* : voir 1218 b 13 et *Éthique à Nicomaque*, I, 1, 1094 a 27.

11. Il s'agit de la position de l'académicien Eudoxe de Cnide, exposée et critiquée dans l'*Éthique à Nicomaque*, X, 2, 1172 b 9-25.

12. La beauté qu'on trouve dans l'immuable ne suscite pas l'action, mais la contemplation (voir *Métaphysique*, M, 3, 1078 a 31).

13. Ces trois dispositions sont autant d'aspects d'un même genre de savoir, la politique (voir *Éthique à Nicomaque*, VI, 8, 1141 b 22-26 et 1142 a 1-10). Le privilège en question est celui d'être souveraine (voir *ibid.*, I, 1, 1094 a 26-b 7).

14. Ce nouveau point de départ ne constitue pas un nouveau thème ; il s'agit plutôt de la seconde étape dans la présentation de la définition du bonheur. Elle prend appui sur

une idée reçue, à propos des biens extérieurs et des biens inhérents à l'âme, et met en œuvre une méthode qui lui est propre et que l'on a qualifiée de « quasi mathématique », car elle accumule sous forme d'impératifs certains principes comme prémisses pour ensuite en tirer des conclusions.

15. Aristote, d'une part, différencie les états des capacités, ce qu'il expliquera en 1220 b 11-20, et d'autre part, les activités des mouvements. Le traité *De l'âme* (I, 4, 408 b 15-17) précise toutefois qu'à proprement parler il n'y a pas de mouvement *dans* l'âme : tantôt il y aboutit, tantôt il en part. Ainsi, Aristote utilise ici le terme pour renvoyer à la genèse d'un état, à l'activité imparfaite qui mène à l'acte parfait.

16. Sur la tâche de la vertu, voir *Éthique à Nicomaque*, II, 5, 1106 a 15-22.

17. Tâche qui sera énoncée en 1219 a 24. L'idée que l'âme a une fonction ou une tâche à remplir se trouve déjà chez Platon, *République*, I, 353 d.

18. En d'autres termes, l'excellence que donne la vertu détermine l'accomplissement de cette tâche dans le sens du bien.

19. Il est question ici de la tâche de l'âme, donc de la tâche commune à tout le vivant, alors que le passage parallèle de l'*Éthique à Nicomaque* (I, 6) parle de la tâche spécifique de l'être humain, l'activité de l'âme rationnelle. — La distinction qui suit entre veille et sommeil rejoint celle de la vie en acte et en puissance (voir *ibid.* 1098 a 5-7), ainsi que la conclusion ci-dessus (1219 a 18), qui stipule que l'usage vaut mieux que l'état.

20. Sur les différents sens de *teleios* (« complet » et « final »), voir *Métaphysique*, Δ, 16.

21. Le bonheur est au-delà de la louange et compte parmi les choses honorables : voir *Éthique à Nicomaque*, I, 12, 1101 b 23-1102 a 1.

22. La partie de l'âme active durant le sommeil est la partie nutritive, qui appartient à tous les vivants et dont la vertu n'est pas proprement humaine (voir *ibid.*, I, 13, 1102 a 33 et b 3) ; sous ce rapport, il en va comme l'opinion le conçoit, à savoir que les gens vertueux ne se distinguent pas des vilains.

23. Le sensitif et le désidératif vont de pair : dans la mesure où sentir s'accompagne de plaisir et de peine, il entraîne le mouvement de poursuite ou de fuite (voir *De l'âme*, III, 7, 431 a 9-14).

NEUVIÈME PARTIE

1. Cette réserve concerne uniquement l'amitié au sens premier du terme : Aristote admet en VII, 2, 1236 b 11-12), que même les méchants peuvent être amis les uns avec les autres, par utilité et par plaisir.

2. Si l'amitié n'est pas une vertu, précise l'*Éthique à Nicomaque* (VIII, 1, 1155 a 4), du moins elle va de pair avec la vertu.

3. La première phrase est un vers de l'*Odyssée* (XVII, 218) ; le dicton sur le choucas (oiseau dont le nom désignait négativement les personnes nuisibles) est également cité dans l'*Éthique à Nicomaque* (VIII, 2, 1155 a 34-35) ; la troisième citation est d'origine inconnue.

4. Les deux vers sont d'Euripide ; le premier appartient à une œuvre perdue, le second est tiré d'*Oreste* (234).

5. Hésiode, *Les Travaux et les Jours*, 25-26.

6. Euripide, *Les Phéniciennes*, 539-540.

7. Homère, *Iliade*, XVIII, 107, et Héraclite, DK 22 A 22.

8. Ceux qui confèrent à l'amitié trop d'extension quand ils en parlent (y compris Platon dans le *Lysis*), comme on le dit en 1235 a 6, professent des opinions trop générales au sens où leur discours se situe à un niveau inapproprié.

9. C'est ce que fait remarquer Socrate dans le *Lysis* (214 e-215 a) : « Qu'est-ce que le semblable peut attendre de son semblable qu'il ne pourrait également attendre de lui-même ? Comment de tels êtres pourraient-ils s'apprécier l'un l'autre, s'ils ne peuvent être d'aucun secours l'un pour l'autre ? » (trad. Louis-André Dorion, Flammarion, 2004).

10. Sur les rapports de l'amitié et de la fortune, traités exclusivement dans l'*Éthique à Eudème*, voir VII, 2, 1238 a 15-20.

11. Cette remarque méthodologique signale l'importance

d'arriver à des principes qui font l'unanimité concernant les questions que soulève l'étude de l'amitié ; elle trouve son parallèle dans le cadre de l'examen des travers moraux, au dernier des livres communs, dans l'*Éthique à Nicomaque*, VII, 1, 1145 b 2-7.

12. Euripide, *Les Troyennes*, 1051.

13. Contrairement au vertueux, qui trouve souhaitable ce qui est véritablement bon, le grand nombre est victime de l'illusion due au plaisir.

14. Sur la distinction entre la représentation et l'opinion, voir *De l'âme*, III, 3, 428 a 20 et suiv.

15. L'*Éthique à Nicomaque* (VIII, 3, 1155 b 19-20) ajoute un troisième objet aimable, l'utile, expliquant que c'est un moyen de faire du bien ou de faire plaisir. Il sera ici question de l'utile en 1236 a 7 et suiv.

16. Les enfants et les bêtes, êtres irrationnels, recherchent les plaisirs corporels, alors que l'homme sagace aime les plaisirs purs et simples, dénués de peine et d'appétit.

17. « Première » est bien sûr à entendre quant à l'essence, et non dans un sens temporel. Seule l'*Éthique à Eudème* signale que l'amitié se trouve dans une situation intermédiaire entre l'univocité (comme dans le cas des espèces du même genre, qui partagent une définition commune) et l'équivocité (le cas des choses qui n'ont de commun que le nom) ; ni parfaitement l'une ni complètement l'autre, l'amitié présente, comme l'être, une unité référentielle, c'est-à-dire que toutes ses formes ont en commun une référence à la première d'entre elles, l'amitié que définit la vertu.

18. Si l'*Éthique à Eudème* précise que l'amitié qui se définit par la vertu est la « première », l'*Éthique à Nicomaque* (VIII, 1156 a 11-b 6) ajoute que les deux autres sont des amitiés « accidentelles » : ce n'est pas en raison de leurs propres personnes que les personnes aimées le sont, mais en tant qu'elles procurent soit un bien, soit du plaisir.

19. Cette amitié se rencontre particulièrement entre personnes âgées selon l'*Éthique à Nicomaque*, VIII, 3, 1156 a 24-26.

20. La première citation est à mettre au compte d'Archiloque ; la seconde est d'origine inconnue.

21. Aristote résout ici la question (posée en VII, 1, 1235 a 5-19) de savoir si l'amitié se tisse entre des êtres semblables ou dissemblables.

22. Hérodote (*Histoire*, II, 68) raconte que tous les animaux fuient le crocodile, sauf le roitelet (en fait, le pluvian fluviatile), qui vit en paix avec lui parce qu'il lui rend service : quand le crocodile bâille, l'oiseau entre dans sa gueule et avale les sangsues qui en recouvrent les parois.

23. C'est la position que soutient Socrate dans le *Lysis*, 214 c-d.

24. Ce qui plaît aux méchants, aux incontinents et aux jeunes est susceptible de changer plusieurs fois dans la même journée ; voir *Éthique à Nicomaque*, VIII, 3, 1156 a 31-b 4.

25. Cette définition du manque de maîtrise de soi recoupe celle qu'Aristote donne en II, 7, 1223 b 8-9 : l'incontinence consiste à agir contrairement à ce qu'on croit être le meilleur (donc à ce qui est bon) sous l'influence de l'appétit, qui vise l'agréable.

26. Les personnes de bien, bonnes absolument, sont aussi avantageuses l'une à l'autre ; cette caractéristique, cependant, découle accidentellement de leur vertu ; voir *Éthique à Nicomaque*, VIII, 4, 1156 b 14. Ainsi l'amitié première unit des personnes bonnes non en tant qu'avantageuses, mais en tant qu'elles sont bonnes.

27. Puisqu'il est question de l'activité dans la suite de la phrase, les deux sens d'« aimer » sont vraisemblablement l'amitié en puissance et l'amitié en acte. Le premier s'illustre dans la bienveillance, qui est non de l'amitié actualisée, mais le commencement de l'amitié (voir VII, 7, 1241 a 12-14).

28. L'amitié se tisse entre semblables, plus particulièrement entre les gens les meilleurs.

29. Si l'amitié n'est pas une vertu, elle consiste, comme cette dernière, en un état décisionnel, et si elle s'accompagne de vertu, comme c'est le cas de l'amitié première, cet état porte aux mêmes décisions que la vertu. À la différence de la simple vertu cependant, le choix qu'implique l'amitié vertueuse a une nature réciproque, qui lie entre eux le sujet aimant et le sujet aimé.

30. Aristote répond ici à une question posée dans le *Lysis* (212 a-b).

31. Être aimable et être objet d'amitié sont donc deux choses différentes : l'être inanimé est aimable sans être ami car il est par nature inapte à rendre l'amour dont il est l'objet, contrevenant ainsi à la condition de réciprocité énoncée en 1236 a 14-15.

32. La bienveillance, à la différence de l'amitié véritable, ne suppose pas de fréquentation assidue.

33. Théognis, *Élégies*, 125.

34. Platon, en *République* (III, 409 a), note aussi que les gens de bien, lorsqu'ils sont jeunes, se laissent facilement duper par les personnes injustes, en raison de leur inexpérience de la perversité morale.

35. Les biens naturels sont énumérés en VIII, 3, 1248 b 26-30 : il s'agit des honneurs, des richesses, des vertus du corps et du pouvoir.

36. Sur le caractère autosuffisant du bonheur humain, voir *Éthique à Nicomaque*, I, 5, 1097 b 7-20, de même que X, 7, 1177 a 27-b 1.

37. Euripide, *Électre*, 941.

38. La communauté des biens entre amis, à laquelle Aristote fait référence dans l'*Éthique à Nicomaque* (VIII, 11, 1159 b 32 et IX, 8, 1168 b 8), ainsi que Platon, dans le *Lysis* (207 c), excède la communauté des biens matériels, sur laquelle peut compter l'ami dans le moment d'infortune. Elle s'étend aux biens spirituels, et fait ainsi écho à la thèse selon laquelle l'amitié véritable se tisse entre des êtres semblables, savoir entre des personnes de bien.

39. En 1236 b 2-3.

40. La première citation est un proverbe courant également rapporté dans l'*Éthique à Nicomaque* (VIII, 14, 1161 b 34) et par Platon dans le *Phèdre* (240 c). La seconde est le fragment 298 d'Euripide.

41. Au sens où l'honnête homme est aimé du vilain. Ce cas de figure ne semble pas exclure la réciprocité, comme la suite l'indique.

42. À trois reprises dans ce paragraphe, Aristote mentionne que tout le monde a du bon ; on peut vraisemblable-

ment y voir l'idée que chaque personne conserve un fond de caractère qui l'incline à la bonté, comme elle conserve un fond d'intelligence qui l'incline à la vérité.

43. Parce qu'il a plus de mérite, le commandant mérite plus d'amour de la part du commandé qu'il n'en éprouve lui-même à l'égard de ce dernier, qui est moins aimable.

44. Eunikos est un poète comique mal connu.

45. Pour que le rapport soit le même, les deux partenaires doivent pareillement inspirer l'amour, et donc ne pas être trop dissemblables.

46. Comme c'est le cas entre l'adulte et l'enfant (1239 a 5) et plus généralement entre des personnes supérieures et inférieures.

47. Le terme *philotimoi* semble ici être pris en mauvaise part, et désigner le vice par excès qui consiste à viser à l'honneur plus qu'il ne faut ; ce vice est l'opposé à la médiété, anonyme, qui consiste à aspirer à l'honneur comme il se doit. Ces états moraux sont traités uniquement dans l'*Éthique à Nicomaque*, IV, 10, 1125 b 1-25.

48. Bien qu'être aimé soit source de joie, la vertu de ceux qui sont amis réside dans l'activité d'aimer (voir *Éthique à Nicomaque*, VIII, 10, 1159 a 34-35).

49. Le contenu de cette œuvre d'Antiphon ne nous est pas connu. En revanche, on apprend dans l'*Andromaque* d'Euripide que celle-ci a confié à Molossos, le fils qu'elle a eu avec Néoptolème après la mort d'Hector, afin de le soustraire à la jalousie et à la cruauté d'Hermione, que Néoptolème a épousée.

50. Ce chapitre reprend les opinions générales rapportées au début du traitement de l'amitié (VII, 1, 1235 a 4-b 1) afin de déterminer dans quelle mesure elles disent le vrai.

51. C'est ce que note Aristote lorsqu'il traite de la vertu par rapport au vice : le mal relève de l'infini, alors que le bien relève du fini (voir *Éthique à Nicomaque*, II, 5, 1106 b 29-30). Dans le même esprit, Platon (*République*, IV, 445 c) note que la vertu n'a qu'une seule espèce, tandis qu'il y a une infinité du vice.

52. Aphorisme déjà cité en 1238 a 34, non pour appuyer la thèse de l'amitié entre les semblables, mais pour illus-

trer que les méchants entretiennent entre eux une amitié dérivée, celle qui se fonde sur le plaisir.

53. Le moyen étant ce qu'il y a de meilleur (II, 3, 1220 b 26-27).

54. Le plaisir exempt d'appétit, c'est-à-dire de peine, est selon Platon (*Philèbe*, 53 c), en raison de sa pureté, le plus agréable, le plus vrai et le plus beau.

55. En 1239 b 32.

56. Voir II, 8, 1224 b 21-24, où Aristote met en évidence la discordance entre le désir et le raisonnement de ces deux types d'agents.

57. La question de l'injustice envers soi-même est traitée dans le premier des livres communs, qui correspond à l'*Éthique à Nicomaque*, V, 15, 1138 a 4-b 14. Aristote y précise que la justice envers soi-même — comme d'ailleurs l'amitié envers soi-même — relève de la métaphore.

58. D'autres encore soutiennent que sont amis ceux qui font les mêmes choix (voir *Éthique à Nicomaque*, IX, 4, 1166 a 7).

59. La première formule apparaît à trois reprises dans l'*Éthique à Nicomaque* (VIII, 7, 1157 b 36 ; VIII, 10, 1159 b 2-3 ; IX, 8, 1168 b 8) ; elle figure aussi chez Platon, dans les *Lois* (VI, 757 a). La seconde expression est apparemment tirée d'Euripide (*Oreste*, 1046).

60. De façon semblable, Aristote, en *Physique* (IV, 11, 219 b 20-21), rapporte que les sophistes considèrent que sont différents Coriscos au Lycée et Coriscos sur l'agora.

61. Du point de vue sophistique, le Coriscos qui devient vertueux se supprime en éliminant le Coriscos qui ne l'est pas. Plus sérieusement, la haine qu'un sujet méchant se porte à lui-même l'entraîne à vouloir échapper à la vie (voir *Éthique à Nicomaque*, IX, 4, 1166 b 12).

62. Si les animaux ne sont pas désirables à leurs propres yeux, c'est que la partie appétitive de leur âme ne peut pas se souhaiter quoi que ce soit comme la partie qui permet de penser chez l'être humain. C'est en ce sens que celui-ci se souhaite du bien à lui-même : il veut favoriser chez lui la faculté de penser, qui est précisément ce en quoi il consiste (voir *ibid.*, 1166 a 14-20).

63. Cette brève remarque sur le choix indique que l'être humain n'a la possibilité d'être lui-même son propre ami qu'à partir du moment où la pensée rationnelle de son âme est complètement développée.

64. Aristote vise possiblement l'Académie : les *Définitions* (413 a-b), à tout le moins, caractérisent l'amitié comme une concorde de l'existence et une communauté accompagnée de bienveillance.

65. Sur la bienveillance et l'amitié, voir l'analyse détaillée de l'*Éthique à Nicomaque*, IX, 5, 1166 b 30-1167 a 20.

66. Cette réserve sur la contribution de la concorde à l'intérêt commun tranche la question à l'avance : la concorde est l'amitié politique, à laquelle est entièrement consacré le chapitre 10.

67. S'il y a une certaine concorde intrapsychique chez les méchants, au sens où leur appétit et leur décision s'accordent, en revanche c'est la discorde entre eux, car chacun n'ayant en vue que son intérêt personnel fait obstruction aux autres (voir *Éthique à Nicomaque*, IX, 6, 1167 b 10-14).

68. Dans cette perspective, le débiteur va jusqu'à souhaiter la disparition du créancier, alors que ce dernier souhaite la conservation de son obligé, afin de recevoir de sa part des marques de reconnaissance (voir *ibid.*, IX, 7, 1167 b 20-25).

69. Sur ces six formes de régimes politiques, voir *Politique*, III, 7, 1279 a 22-b 10.

70. S'ajoutent à l'énumération qui suit l'amitié conjugale, mentionnée en VII, 3, 1238 b 24 ; 7, 1239 b 25 ; et 9, 1241 b 30, et à laquelle l'*Éthique à Nicomaque* consacre un développement (voir VIII, 14, 1162 a 16-33), de même que l'amitié maternelle, dont il est question en VII, 3, 1239 a 37 ; 6, 1240 a 35 ; et 8, 1241 b 5-9.

71. Vivre en société est de fait une tendance naturelle des hommes (voir *Politique*, III, 6, 1278 b 19-22).

72. L'exemple de la scie vise à montrer que même si les concitoyens entretiennent une amitié fondée sur l'utilité, ils ne se servent pas les uns des autres comme on se sert d'un outil ; l'utilité qui unit les concitoyens se comprend davantage comme un partage qui profite à chacun d'entre eux.

73. Si la foreuse se détermine comme corps matériel, elle se définit essentiellement par sa fonction (voir *De l'âme*, II, 1, 412 b 10-15).

74. Ce qui est sain est analogue à ce qui est juste au sens où la justice est une sorte de santé pour l'âme (voir *République*, IV, 444 c-e).

75. Sophocle, fr. 688.

76. Sur tout ceci, voir l'exposé plus concret de l'*Éthique à Nicomaque*, VIII, 16, 1163 a 24-b 5.

77. Formule d'origine inconnue, déjà citée en VII, 2, 1236 a 37.

78. Sur le principe d'alternance qui régit la distinction du commandant et du commandé, au sein de l'amitié entre concitoyens, voir *Politique*, II, 2, 1261 b 1-5 et III, 6, 1279 a 8-12.

79. Adage inspiré d'Hésiode (*Les Travaux et les Jours*, 370) qui apparaît aussi dans l'*Éthique à Nicomaque*, IX, 1, 1164 a 27.

80. L'amitié légale, ajoute l'*Éthique à Nicomaque* (VIII, 15, 1162 b 26-28), repose sur des clauses explicites, et se compare à un marché conclu selon les conventions.

81. L'argent rend commensurables toutes les choses qui s'échangent (voir *ibid.*, V, 8, 1133 a 18-26).

82. Théognis, *Élégies*, 14 ; la source de la deuxième formule est inconnue.

83. La résolution des partenaires dont l'amitié repose sur la vertu est celle de se vouloir mutuellement du bien.

84. C'est-à-dire feindre que l'on apprécie quelqu'un pour son caractère alors qu'en réalité on l'aime pour son utilité ou son agrément ; l'hypocrisie est donnée comme motif de dissolution de l'amitié dans l'*Éthique à Nicomaque* (IX, 3, 1165 b 5-12).

85. Le don vertueux, qu'il soit destiné à l'ami ou à la divinité, ne s'évalue pas dans l'absolu, mais relativement à l'état de l'agent, généreux (*Éthique à Nicomaque*, IV, 2, 1120 b 7-10) ou magnifique (*ibid.*, IV, 4, 1122 a 24-26 ; IV, 5, 1122 b 24-29, et ici, III, 6, 1233 b 10-13).

86. On ignore la teneur des querelles opposant les deux personnages, eux-mêmes peu connus. Pamménès serait un

général thébain, et Python, nommé dans *Politique* (V, 10, 1311 b 20), le meurtrier du roi thrace Cotys.

87. Le roi en question serait le tyran Denys de Syracuse.

88. Par cette citation, qui correspond au fragment 890, Aristote suggère l'importance de retourner les bienfaits reçus et, en général, de rembourser sa dette (*cf. Éthique à Nicomaque*, IX, 2, 1164 b 31-32, 1165 a 3).

89. Préférer les choses à la personne qui les possède est non seulement faire preuve d'injustice, mais aussi de méchanceté (voir VII, 2, 1237 b 30-35).

90. Sur la question du nombre des amis, voir ci-dessous 1245 b 20-25 et *Éthique à Nicomaque*, IX, 10, 1170 b 20-1171 a 21.

91. Bien que percevoir et connaître (intellectuellement) ne reviennent pas au même (voir *De l'âme*, II, 3, 415 a 5-12 et III, 3, 427 b 6-12), l'un et l'autre sont des actes qui permettent la conscience de soi ; c'est ce point qu'Aristote a ici en vue.

92. Voir *Métaphysique*, Λ, 7, 1072 b 21-27. Plus généralement, vivre consiste à opérer son âme, donc à connaître, que ce soit au niveau sensitif ou intellectif.

93. Aristote remarque dans *De l'âme* (III, 2, 425 b 12) que « nous sentons que nous voyons et entendons ».

94. Voir *Éthique à Nicomaque*, IX, 9, 1170 a 29 b 1, qui poursuit le raisonnement par une espèce de *cogito*. En fait, même si l'âme ne se connaît pas immédiatement elle-même, le sujet, quand il se connaît, se perçoit connaissant.

95. Ce type d'activité cause un plaisir sensible proprement humain qui implique les sens à distance (la vue et l'ouïe). Pour leur part, les plaisirs corporels de type animal impliquent les sens de contact, plus particulièrement le toucher (voir *ibid.*, III, 13, 1118 a 25-b 8).

96. Le plan dont il s'agit est de nature intellectuelle ; partager la vie de son ami en s'adonnant ensemble à la philosophie (*sumphilosophein* ; voir *Éthique à Nicomaque*, IX, 12, 1172 a 5-6) correspond au genre de vie consacrée à la sagacité et à la méditation (voir ici I, 4, 1215 b 1-3), laquelle est la plus heureuse (*Éthique à Nicomaque*, X, 7, 1178 a 4-8).

97. C'est percevoir et connaître ce qui, dans l'autre, nous

ressemble, c'est-à-dire dans le cas de l'individu bon, la vertu (voir *Éthique à Nicomaque*, IX, 9, 1169 b 35-1170 a 4).

98. C'est-à-dire les plaisirs intellectuels, par exemple la philosophie, mentionnée en 1245 a 22.

99. Ce bien supérieur situé dans l'affection ou l'action d'un certain genre est celui qui permet l'exercice de la vertu.

100. Le principe vaut pour les trois formes d'amitié.

101. Héraclès est mis au service d'Eurysthée, roi d'Argolide, pour expier le meurtre des enfants qu'il avait eus de Mégara. C'est Eurysthée qui a imposé au héros ses douze travaux.

102. Les Dioscures, Castor et Pollux, fils jumeaux de Léda et de Zeus métamorphosé en cygne, étaient les protecteurs des marins.

Composition Nord Compo
Impression Novoprint
à Barcelone le 17 mars 2020
Dépôt légal : mars 2020
1er dépôt légal : mars 2018

ISBN 978-2-07-277981-7./Imprimé en Espagne

368003